MINAKO'S STYLE

WARMING UP!

大人世代にとってヘアとメイクは
おしゃれ以上に必要なこと！
「清潔感」や「健康感」を
大きく左右します

いつまでもおしゃれで若々しく
素敵な横森美奈子さん。
ファッションやヘア&メイク、
ライフスタイルまで
そのとっておきの秘密を教えます！

ヘアカットは月一回必ず！
メイクで表情もはっきり
元気で明るい顔に！

すっぴんでは
元気がない人に。。

洋服は数じゃない!!
同じワンピースでも小物でまったく変わります。

仕事

シンプルなワンピースをシンプルなまま着るだけでは意味がありません。「服より小物!」、小物使いで、どんな場所にもOKになります。仕事用の大きなトートバッグは軽快な柄で重く見えないものを。体温調節のストールは必ず。

横森流
小物使い術!

MINAKO'S STYLE

WARMING UP!

パーティ

黒の細いストールで〝縦長ライン〟の着やせ効果、コサージュは〝ハイポイント〟で背高い効果、全体バランスで見た立ち姿が決め手に。

パーティのときは
強めアクセントで
引き立ち度をアップ!

ディナー

暗めの照明のときは
白っぽさを強調して
エレガント気分!

透け感のあるストールで陰影のある白っぽさ、顔をきれいに見せる〝レフ板効果〟もあります。テーブルの上から見える上半身のアクセサリーがポイントに。

メガネ

若いときからメガネ好きでいろいろなタイプを試しましたが、最近はボストン型フレームに落ち着いています。通常は遠・近・乱視用レンズ、あとはPC用や読書用などいろいろ使い分けています。

必需品のメガネは
強め太めのフレームで
弱くなった顔ヂカラ・
目ヂカラをカバー

メガネの選び方は、顔に合わせるのではなく「自分がどう見えたいか」なので、ちょっとおトボケ＆ユーモラスな味が好き。

存在感のある小道具をアクセントにして若々しく！

＼軽快感のある柄ものバッグは
おしゃれのアクセントに／

バッグ

これは普段、私が実際使っているバッグですが、柄ものバッグは合わせにくい？　いいえ、無地の服が多い方なら持つだけで素敵なアクセントに。手抜きで一気におしゃれになれます。

トータルコーディネートをしやすくする
見える収納は、おしゃれの基本。

上／ベッド上のスペースにそのシーズン用のバッグをかけておきます。
下／ストール類はお店のようにかけておくことでひと目で色や柄の、つけたときのイメージがわかります。

トータルコーディネートは
小物まで含めての
全部のことですから

MINAKO'S STYLE

WARMING UP!

出しっぱなし？　ホコリがつかない？　でもコーディネートは頭で考えるより目で見たほうが早く出来上がりもいいことは確実。ディスプレーのように見せて。ホコリは払えば取れますし。右上／ベルトは専用のベルト掛けでクロゼットの片隅につるす収納。左上／ニットやカットソーはたたんで重ねてラックに。着たいものがすぐに選べます。下／アクセサリーももちろん見える収納。細かいものは透明のケースに、コサージュやロングネックレスはS字フックを使って楽しく飾る収納。

とにかく健康で あることがおしゃれの元!!

ストレッチや肩こり対策の
セルフケアグッズを愛用

運動

家ごはんは滋味あふれる
野菜たっぷりのスープ

朝食

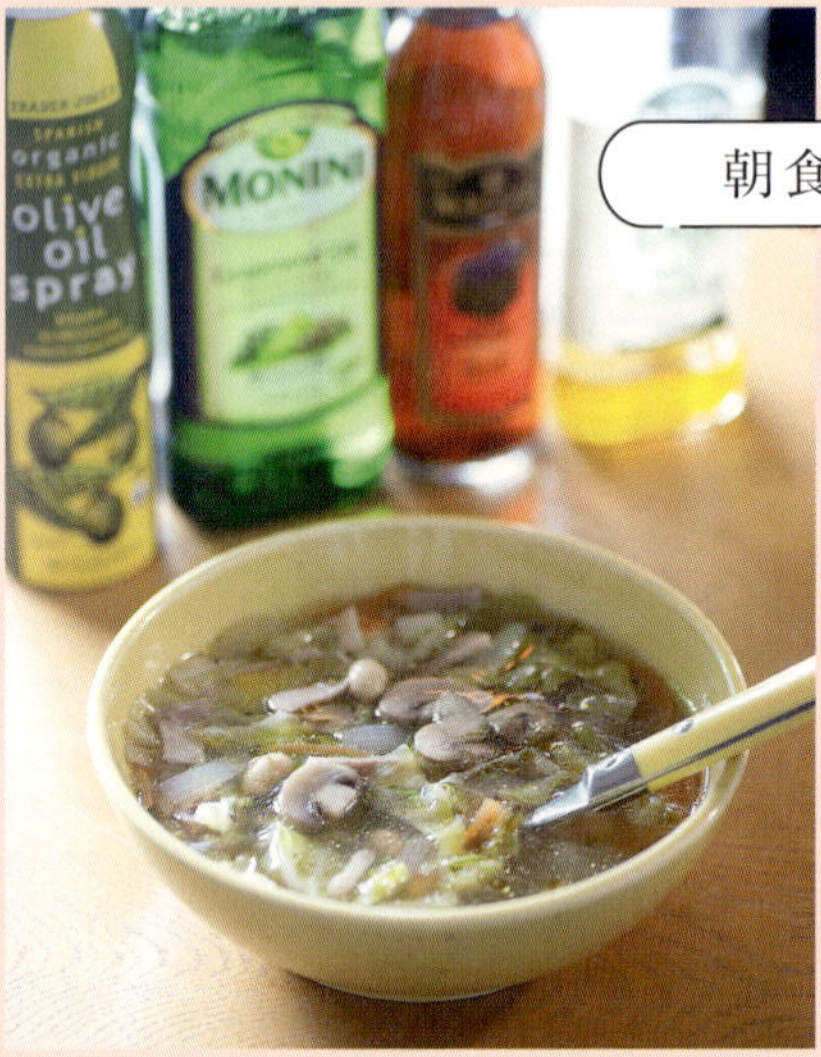

サプリメントはいろいろと
組み合わせて飲んでます!

サプリ

右上／タマネギ、キャベツ、ニンジン、きのこ、豆類…、冷蔵庫にある野菜でつくるスープ。オリーブオイルとコンソメ、塩・コショウだけで薄味に仕上げます。これさえあれば大丈夫！という私の常備スープ。

左上 ／ストレッチポールや健康グッズなどを利用して自分でストレッチやマッサージをして疲れをため込まないようにしています。

左／体調や体の悩みに合わせたサプリメントをネットなどで情報収集しては、いろいろと取り入れています。

老けてる場合じゃないでしょ?

間違いだらけの大人《シニア》のおしゃれ

横森美奈子

集英社インターナショナル

1949年生まれの私は、団塊世代に属します。

アメリカではBaby Boomer「ベビー・ブーマー」ともいわれ、人口爆発のこの世代、何か行動すれば、当時の大人や世間に即、「今どきの若者は」と言われてきた〝反逆〟の世代です。まだ情報の入手も難しい時代にどうにか新しい情報を取り入れて実行し、反体制・反権力の旗のもと、当時の社会やすべての体制を信じず、Don't trust over 30!「30歳以上を信じるな!」(←大人の基準は30歳だったのですね)、新しいものを飢えたように取り入れ、なければつくり出し、破天荒なまでにいい意味でも悪い意味でも、世の中に盾ついてきた世代。今に続くさまざまのカルチャーを牽引してきた世代ともいえます。

そしてそれは人類史上初めての〝老いを拒否する世代〟の出現でもありました。

そんな革新的な人類だった私たちも高齢者となった今、ふとまわりを見回すと「なんで急に普通のオジイサン・オバアサンになっちゃったの〜?!」と不思議でならないのです。

平均寿命は私たちが生まれた時代よりも30年から40年も伸びたのに、自分たちが過去に見てきた〝お年寄り〟と同じ年の取り方をしていいのでしょうか?

もちろん、実質上、加齢現象自体は大きく変わっていて、体力、気力から行動体系までまったく違うデータが出ています。スポーツや趣味などかつてないほどシニアの参入はますます盛んになることでしょうし、仕事も年齢と関係なく続けられる方が多くなっています。が、しかし、そんな体力、気力充実のシニアの見かけはというと? そういう人たちが集まっている場所に遭遇

INTRODUCTION

すると、どんよりとくすんだ色のカタマリで、男女の区別さえ一見で判別するのが難しくて愕然《がくぜん》とすることが……。

いったいどうしちゃったの!!　新しい時代を牽引してきたんじゃなかったの!?　なんでここでくすまなくちゃいけないの!!

人口も多いので、それでは世の中の景色がくすんでしまうではありませんか。いち早くジーンズをはき、髪を伸ばし、新しい時代の機運を体現していた世代。素っ頓狂といわれても無我夢中で果敢に新しいファッションやおしゃれに挑戦してきた世代。今さらここで立ち止まってはいけないと思うのです。

みなさん、『サザエさん』のフネさんは何歳だと思いますか。

信頼できる検証では、地味な着物で割烹着、ひっつめ髪の昭和の母は48歳！だそうです。この頃、ようやく平均寿命が50歳になったので、もう老境かもしれない風情でしょうか。でも、いまや日本人女性の平均寿命は90歳にまで近づこうとしているのですから当然、年の取り方への考えもフネさんの時代とは大きく変わらなくてはいけないと思うのです。

特に、「もう年だから」といって〝おしゃれ〟をあきらめるのは意味のないことです。まだ旅立つのに20年いや30年もあるかもしれない。だったら、「もう年だからいいの」などというフネさん的な老けづくりになってほしくないもの。そう、私たちは〝新しい年寄り〟にならなくてはいけません！それに脳科学者の方も言っていますよ。おしゃれに頭を使うことは見かけの若さにもつながり、脳の活性化にもつながると。だから「やるっきゃない！」のではないでしょうか。

横森 美奈子

contents

MINAKO'S STYLE

ART DIRECTOR
藤村雅史

DESIGNER
石﨑麻美
（藤村雅史デザイン事務所）

MINAKO'S STYLE

CHAPTER

1

若い頃の自分は忘れなさい。

リンゴが古くなったり傷んできたらどうしますか？

そのまま食べるのではなく、刻んでヨーグルトやサラダに入れる？　バターで炒めてアップルパイの具に？　ワインで煮てコンポートにも？　それともジャム？　お料理のソースにして肉料理を引き立てることもできますね。どれも想像しただけでおいしそうで楽しく、迷ってしまいます。

人間だって同じこと。若かったピチピチの頃に戻ることはないのですから〝料理法〟を変えたり工夫してみたら、リンゴと同じように生の新鮮なときよりも、もっとおいしく素敵になれるかもしれないのです。

「ああ、老けたわ……」。

加齢現象、いわば経年変化は、体調を含め肌の調子や顔の表情にまで現れますから、それは正直言って嘆きたくもなり、私だって感じることは当然多々あってガックリくることも事実です。でも、大事なのは、そこからの気持ちの切り替え。まだまだ生きていかなくてはいけないわけだから、「どうにかしなくっちゃ！」と。

「じゃあ、いったいどうすればいい？」↓「何か方法はないもの？」↓「いや、なんとかなるはず」↓「絶対なんとかする！」と、ツワモノ団塊世代はそう簡単にあきらめる体質ではないはずです。

といっても、若さに執着して元に戻す方向にではなく、違う方法で、違う〝料理法〟を考えるのが前述の〝古くなったリンゴ〟の発想ですね。リンゴにかかわらず、新鮮な食材が手に入りにくかった京都やパリで食文化が花開いたことからも、何事も条件ではなく観点を変えた上での創意工夫であるということがいえるでしょう。

この本の章ごとのいろいろな〝料理法〟の思い当たるページから、少しずつでもいいので、「うまく変わろうとする」方向へ舵取りできるお手伝いになればと思います。

そう、加齢は決して避けては通れない自然現象なのですから、いっそ一種の〝開き直り〟でおしゃれに臨むことが大切です。もうここまできたら(笑)、若い頃のように誰かと比べたりせず、「ああでなくてはいけない」「こうしなくてはいけない」などという、いろいろな理想像や現実のお約束事から解放されましょう。残りの人生をいかに〝自分らしく〟充実した時間を過ごすかのためにも、おしゃれは大きなサポートになります。

若いときから年齢ごとのおしゃれ戦歴のある大人の女性だからこそ、そのキャリアを駆使して、若者に「年を取るのもなかなか悪くなさそう……」と思ってもらえればうれしいし、ある意味それも〝お役目〟といえます。

そして「ここまで来るのには、あとン十年頑張らないとね！」と涼しい顔して言ってあげたいものです。

女性は年齢を問わず、自分のことを少しでも〝よい感じ〟と思えれば気分がアガり笑顔になります。これは、私が長年行ってきた多くの人へのアドバイスやトークショーなどを通じて、強く実感してきたことです。デザイナー以外の仕事として、アドバイザーの仕事を続けてきたのも、少しでも多くの大人の女性をおしゃれに素敵にしたかったから。なぜなら「家族や日常を、いや社会をも支えている屋台骨である大人の女性のご機嫌が少しでもよくなれば世の中もっとよくなる！」と信じているからです。

はじめはあまり気乗りしていなさそうな表情の方が、ちょっとしたアドバイスやコーディネートで素敵になると、ぱっと顔が輝きます。シーズンごとに日本各地を飛びまわり、体力的にきつくてもそれを見るのが幸せで続けられたのだと思います。

「今さらおしゃれを？」なんて言わないでください。今の時代、おしゃれは特別なことではなく、とてもお金がかかることでもないからです。

もちろん、おしゃれになるための少しの〝努力〟は必要です。でも、ちょっと自分にプレッシャーをかけ、課題を与えるのは、脳の働きをよくする効果（これ、大きいですから！）も期待して、〝素敵になる上にボケ防止効果〟は一石二鳥ではありませんか？

アンチエイジングより、スマートエイジング

〝アンチエイジング〟という言葉はもう一般化していますが、アンチの〝逆らう〟意味よりも、最近聞くようになった〝スマートエイジング〟のほうが私はいい表現だと思います。

誰も「変わらない」「年を取らない」ことはできないのですから、頑なに「変わりたくない！」への方向ではなく、「変わる」ことを前向きに受け入れ、自分へのビジョンを転換しふくらませて、〝楽しんで変化する自由さ〟が感じられるからです。

そう、私たち世代には、今まで経てきた各時代に、散々育んできた〝おしゃれの英知〟というものがあります。そのことを思い出し賢く活かして、ここでもう一度おしゃれに挑戦してみようではありませんか！


自分のことで言えば、私は「若い頃の自分の姿にまったく未練がない」どころか、もう昔の写真を見ても〝他人〟を見るようで、本書に恥ずかしながら掲載されている若き日の写真は「どこのイカれたおねえちゃん？」と(笑)。まあ、今より多少ツルツルピカピカはしているけれど薄っぺらいというか、正直言って図々しくも「今のほうがまだマシ」、そして「だんだん自分らしくなってきているかな」とも思えたり。そういう自分の変化を、悩みながら楽しみながらずっと、〝変わっていきたい願望〟とその試行錯誤が死ぬまで続けられたら幸せと思っています。

きっと若い頃、美人でスタイルがよかった人なら、すごくチヤホヤされた〝華やかな過去〟が忘れられず、その姿を引きずってしまうのでしょう（芸能人などによくあるパターン。それに関しては次章で詳しく）。私の場合は、当時はウケない辛口タイプのおしゃれだった上、愛想がなく仕事に没頭していて全然モテなかったのが〝忘れたい過去〟となって、かえってよかったのかもしれません（笑）。

〝忘れたい過去〟の写真（笑）70年代後半MELROSE時代。日焼け、アメリカで買った放出品のシャツ、FIORUCCIのジーンズ。誰も寄ってきません（泣）

Q 若い頃からおしゃれが大好きでした。でも最近、何を着たらいいかわからないのです。

「わからないこと」を幸いに、いっそ子供のように素直にゼロにリセットしてしまいましょう。そして、まずおしゃれのアンテナを立て、まわりの〝観察〟から始めます。街行く人、テレビに出てくる人、自分がいったい「どういう人や、どういう服を素敵に思うか」、または逆に「こうはなりたくない」というサンプルを探し、自分のデータをつくっていきます。「そんなことでいいの？」そんなことでいいのです。データからだんだん自分の求めている傾向が見えてきますし、今は流行というものがあってないようなもので、昔のように流行だけがいちばんということもありません。そして自分の身の丈に合うチョイスがいくらでもできます。

ちょっと気になった色でも、いいと思ったアイテムやアクセサリーでも、リスキーでない範囲で、ひとつ取り入れてみるなど、無理のないところからやってみましょう。そういう小さなことの積み重ねからでいいのです。ええ、一朝一夕でおしゃれにはなれないけれど、やったことは確実に積み上がっていきます。いつも言っていますが「おしゃれは努力！」なのですよね。

ちなみに私は若い頃から〝人間ウオッチング〟が好きで、特に外国に行ったときなど、つい素敵な大人の人を探してしまいます。「ううむ、こんなオバアサンになりたい！」とか「こんなグレーヘアにはカラフルな色が似合う！」などなど、もっと先の老後のビジョンのストックまでいっぱい自分の引き出しに温めてあるのですよ。おしゃれは観察からともいえますから。

いい年して何頑張ってるのって言われちゃう。

その言葉の意味がわかりません。

「いい年」っていくつのこと？　年を取ったらおしゃれしてはいけないのですか？　「おしゃれ」のとらえ方も昔とは違います。「おしゃれ」は見栄や見せびらかし、贅沢なことなのではなく、「自分が自分らしく、心地よく毎日を過ごすためのもの」です。もし言われたら、まっすぐ相手の目を見て「私、おしゃれを一生懸命頑張りたいの！」って胸を張ってニッコリ言いましょう。それでたぶん相手は黙りますし、それ以上話す必要はないですから。

私は、死ぬまでおしゃれを頑張りたいと思っていますよ。体の自由がきかない状況になっても、病院のベッドであっても、棺桶に入るときの服までも、最後まで自分らしいおしゃれをしていたいと。それをどうにかまっとうできる脳と気力、体力があることを願っています。

Q

同年代の仲間から浮いてしまいます。

浮いて何か大きなデメリットがありますか？

浮きたくない人たちはたぶん「横並びの人生が安心できるから好き」なのでしょう。何にメリットを感じるかはその人次第ですから、どちらを選ぶかです。

でも他人に合わせる必要って、子育て時代や職場にはあったかもしれませんが、そこから解放された自由な年代としては、あまり意味がないような気もしますし、そもそもおしゃれは人に迷惑をかけるものではないですし。

また、いつも同年代の人と一緒にいるのでなければ、おしゃれ加減もそのときどきで〝臨機応変〟にチェンジするのも大人の智恵というものではないでしょうか。

Q

カッコいいなって思うのは年下の人ばかり。なんで？

年下の人がカッコよく素敵に見えるのは当たり前のこと、でも見方が大事です。無意味にひがんだり、ただ「若くていいなー」なんてうらやましがるのはNG! 「いったいどこが素敵なのだろう」と、さりげなく観察・分析です。そしてしたたかに「どこか私でも取り入れられるところはないものかな?」と探り、「あれなら私にも大丈夫そうかも」と考察してから「自分のものとして取り入れる」、そして「やったぁ!」とほくそ笑む、これがしたたかな大人の知恵というものですから。

要するに〝自分の引き出し〟をつくっておいて、若い人からのそういうデータを少しずつでもストックしていけば、買い物のときにも「あ、この間あの人が着ていていいなと思ったこんなカットソー試着してみようかな」とか、「素敵だと思ったあの色、ないかな」など、見方・探し方も変わってくることでしょう。年下でいい刺激をくれる人がそばにいるなら、それはとてもラッキー、大いに利用させていただきましょう。

MINAKO'S STYLE

CHAPTER 2

今の自分をちゃんと見よう!

団塊世代の、若き日の思い出の姿は、50年くらい前の青春時代? または自立してバリバリのイケてた30年前の楽しいバブル時代の姿?

社会も、環境も、価値観も、流行も、すべては変わっていきます。美の基準やカッコいいことのとらえ方でさえどんどん変わってしまっていくのは、ヒッピーからサーファー、ニュートラからボディコンまで、ちょっと思い出せばいくらでも実感できることでしょう。そんな移り変わりのなかで、自分がイケてた時期に好きだったものは、ついそれを引きずってしまうのが人間というもの。それがほんのディテールであろうと(いちばん怖いのはヘアメイク！11章でがっちり述べます)、今との〝時差〟を感じさせてしまったら「おしゃれに見えない人=今っぽく見えない人」になってしまいます。イケてたと思えたその頃からすでに30年も、50年もたっているのをどうぞお忘れなく。

おしゃれのとらえ方もいろいろあって、世の中には〝自分基準しかもたないおしゃれをしている人〟とか、〝趣味的で時代感関係なくただおしゃれをしている人〟もいますが、この本で目指すおしゃれな人とは **〝今っぽい〟** ことを基準とします。

〝今っぽい〟ということは「時代の空気感」をまとっているということ。それを感じられなければ、実は、おしゃれというものは成立しないのです。現実的な〝今〟のシチュエーションで引き立つ、それは高い服やブランドの服という短絡的なものではないので、難しく感じるかもしれませんが、本書を読んで「なんとなく」つかめてくる感じになるだけでもいいのです。

さて、まずおしゃれになりたいなら自分自身の見直しから始めなくては、と1章に書きました。ここでは、「じゃあ、どうやって？」の具体的な方法を提案したいと思いますが、その前に「どういう見方をすればいいか」のヒントを探してみましょう。

〝今っぽさ〟って何？ それがいちばん重要なこと

最近、大人の女性のおしゃれの基準がはっきりと変わってきました。

この間までは〝美魔女〟などというちょっと奇妙な言葉で表現されるような、「若いときのきれいな姿を涙ぐましいまでの努力でとどめるタイプ」で、ある意味〝若造り〟と紙一重の部分もあり、不自然でちょっとイタい感じもありました。

でも最近は、白髪を染めないグレーヘアの提案など「自然体の加齢現象を受け入れながら、おしゃれ度をとても感じるタイプ」に移行しているといえます。

たとえば、最近とみに注目を浴びている84歳の草笛光子さん、83歳の芳村真理さんがカッコよく映るのは、年齢を前向きにとらえながらも〝今っぽい〟ファッションセンスのおしゃれだからです。彼女たちはファストファッションなども楽しんで取り入れ、それが決してとり澄まして気取ったものではないからでしょう。

年齢などあってないようなお約束を気にせず、〝自分のスタイル〟を自由に謳歌していて「年を取ってからのほうが自由におしゃれできるのよ！」というメッセージを体現していることが、見る人まで元気に楽しくさせてくれますね。もちろん若い人にとっても「年を取ってもあんなにおしゃれで素敵でいていいのね！」と、これから先への夢と希望を与えてくれます。

かつての〝美しい花〟は、そのまま〝ドライフラワー〟に

そういう話をすると「彼女たちはもとがいいんですもの」とすぐフテる人がいますが、それが絶対的価値ではないことは逆の例も多いことからわかります。

若い頃、美しく魅力的な人気女優さんや有名人が、驚くべき努力で美貌や体形を保っていても、残念なことに〝仕様（ヘアメイクや服）〟までそのまま持ち越してしまっているようなこともよくあるからです。

長年のたゆまぬ自己管理には感心しても「あら素敵！」という印象にならないのは、〝時差〟をまとっているからなのでしょう。

先日テレビで見かけた女優さん、いちおうまるで「変わらず」に昔からタイムスリップしてきたみたいでした。でもそのままの〝仕様〟が、かえって顔自体の加齢現象を目立たせて

いたり、スタイル自慢の今どきはやらないピタピタの服なのが残念な印象でした。スタイルもよくお顔も年齢にしてはきれいなのだから、〝今っぽい〟ファッションと仕様にしたらどんなに素敵に、と思いましたが、きっと「変わらない」ことにこだわり続け死守して、自分を客観的に見ることができなくなっているのかもしれないと。

その女優さんの例ほどではなくても、大なり小なり若いときに素敵でモテてチヤホヤされた人ほど、それを保持したい傾向になりがちです。過ぎ去るとよくわかるのですが、若さって素晴らしく、ましてやちょっときれいでスタイルがよければどんな服でも似合って、きっとまぶしいくらいだったでしょう。

でもそれらは自分で努力して手に入れたものではないのです。時が過ぎてなくなっていったときには人は平等に近くなっていきます。

大人になってからのおしゃれは、実はそれが楽しい！のですよね。若いときの多少の造作や体形の差よりも、知恵と工夫がものをいってきます。

それが何よりの証拠には、クラス会で昔のモテ美人がなんだかサエないオバサンになっていたり、大したことなかった女子がびっくりするくらいのいい女に、というのはよくある話でしょう？（私も後者に属するクチでしたね、今頃ラッキー！）

年の取り方は横並びでなく個人差。そしてセンスでカバーできるもの

この本の冒頭に書いたように、漫画『サザエさん』のフネさんは何歳？という質問を私のセミナーでは必ずします。答えには50代、60代、70代？まで出てきますが、検証では48歳で、ちなみに波平さんは53歳と、こちらも信じがたいですよね。

ひっつめ髪に化粧っ気なし、ほうれい線がくっきり、昭和の母はそんな老けづくり!? でも当時（１９５０年頃）の女性平均寿命の50歳から、今は90歳近くなったのですから、先を思えばまだまだ60代、70代でも老け込むなんてナンセンス！ もちろん体力の衰えは否めませんが、そこはしたたかに気力や知恵をめぐらせて楽しみながら、パズルのようにおしゃれに取り組むのがいいのです。

自分のことでいうと、69歳の今もおしゃれと仕事に頑張る私を見て、周囲の40代、50代の女性からよく言われるのが「横森さんを見ていると安心する。その年齢でこんな自由に気ままにおしゃれして、その上仕事もしていていいのね」。それを聞くと、日本人ってまじめだな、誰も決めていないのにいろいろ忖度《そんたく》（？）しちゃって勝手に塀をつくってる……って思うと、そういう選択肢や可能性としての〝道しるべ的〟なお役目としても、もっともっと、そしてなるべく長く仕事もおしゃれも頑張りたいと思ってしまいます。

よく「年相応のおしゃれを教えてください」という方もいらっしゃいますが、私は年齢というものを横並びで考えていないので、「それにはお答えできません」と一笑に付します。そして「もし年相応のオバアサンっぽい格好をしていたら、税金が安くなったり、何か保障してくれたりするなら考えてもいいですけどね」とも(笑)。

さて、あなたの見直しです!! まず鏡と仲良くなることから

だんだん頭の中身がほぐれて前向きになってきましたか? 「よけいなことは考えず」に、ちゃんと今の自分に向き合ってみようと思えてきましたか?

私はいつも、おしゃれになりたければ「自分を客観的に見ること」を第一条件に挙げています。はっきり言って〝長年見慣れた自分〟というのは惰性や妥協もあるし、思い込み、思い入れのカタマリなのです。

イヤなところは見なかったり、勝手に修正して見ていたり、その上なるべく若いときのイケてた姿に重ね合わせようとする傾向があります。元の見方がブレていれば、選ぶおしゃれも虚しく実を結ばないことになりますね。

「自分を客観的に見ること」には多少の努力がいりますが、「自分の体形や雰囲気への正しい認識」はもちろんのこと、「自分はいったいどういう人に見えるのかしら」「自分のどこが〝今っぽく〟ないのかな」これもとても大事なことです。初めは戸惑うかもしれませんが、そういう観点をもつだけで少しずつでも気がつくようになるはず、そしてほんの少しずつでも

いいので気がついたところから修正し、今風になるようアップデートしていきます。

全身鏡を、いつでも見やすいところに置く

条件が許すなら、自宅に何か所でも。よく「自分の姿を見たくない！」という人もいますが、自分の姿を知らないで外に出るなんてそら恐ろしいこと、私にはできません！　だって人からくまなく見られてしまうのですから。鏡を見ることに慣れましょう。初めは〝ガマの油〟でも、これをしなくてはおしゃれも素敵も成立しないのです。

全身鏡は、1・5メートル離れて見る

そうすると3メートル離れた姿を見ることになるので（鏡の高さは、身長の半分で全身が映ります）、この距離が人から見たあなたの〝印象〟です。近い鏡だと細かいところだけ気になり、肝心な全体の印象を見過ごしてしまいます。お店の試着室が狭ければ、必ず外の鏡で離れて見ます。そうしないと服のもつ雰囲気や似合い加減もわかりにくいものです。

靴を履いて、見る

家で服を見るときも、下に何か敷いて靴を履きます。洋服とは靴まで入ってのことでヒールは履かないからとか関係なく、〝洋服の締め〟が靴なので、履いてみないとバランスや雰囲気がわかりません。たとえばジーンズにローファーなのかヒールなのか、合わせる靴でコーディネートの方向性までまったく変わってしまいますから。

ぱっと見で、全体のイメージをつかむ

誰にとってもいちばん大事といえる第一印象、それは〝ぱっと見〟です。それを自分で見るには全身鏡の前で、頭を下げておじぎをし、ぱっと顔を上げて自分に「こんにちは！」します。目に入ったあなたは、明るい人・暗い人？　元気な人・元気じゃない人？　そんな見方したことありますか？　人はそのように見ているものです。

着ている服の、バランスを変えてみる

セーターをどのくらいの丈で着ようか、パンツの丈は、また頭が大きく見えていないかのヘアスタイルのバランス、体形の短所・長所を〝着方のバランス〟で変えてみたらどう見えるか、その違いを全身で見るととてもわかりやすいものです。私の〝着やせ〟セオリーはこれに基づいていて効果絶大なのは実証済みですから。

持っている服の〝顔映り〟を見る

着る色や体調によって〝顔映り〟が変わるものなので、色選びはなれ合いにならないことが大事です。色の好き嫌いについては5章に詳しく書きますが、肌色のくすみがだんだん気になる年齢としてはとにかく「自分をきれいに見せる色」しか着ないことです。色を味方につけるだけで若々しく元気に見え、おしゃれ度が即アップした印象になります。

持っている服の経年変化を見る

10章で服の整理処分のことは詳しく述べますが、自分の服がどういう状態であるのかも、全身鏡の前でちゃんと着てみると判断がしやすくなります。

気に入った服であっても経年変化でみすぼらしくとか、またサイズやフィット感などが自分自身の体形変化に合わなくなっていたとか。要するに、「その服が今の自分をよく見せてくれるか」を確認しなくてはいけません。

気になるもの、迷うものは写真を撮る

「この組み合わせいいわ」とか「この服は似合うのかどうかわからない」とかは、今は便利なスマホやデジカメがあるのですから、メモ代わりに撮っておきましょう。鏡越しで全身も写せますし。写真のいいところはワンクッション入るので「自分を客観的に見る」ことに近づけます。人に見せて意見を聞いてみてもいいですしね。

全身鏡の前でこういう〝自主トレ〟に励めばおしゃれ体力がどんどんついてきます。もちろん私も、常に鏡が厳しいオトモダチです(笑)。

原因がわかれば対処法も考えられる

全身鏡を見ながら、がっくり落胆したところがあっても、そこでメゲてはいけません。勝負はここからです。「絶対にどうにかする！　なる！」の気持ちが大切、そうすれば結果は必ずや現れます。

1章で書いた〝古くて傷んだリンゴ〟のように、自分を「素材」として見てみれば、違う〝料理法〟として新たに似合うものを探す気になったり、違うキャラ設定にしてみようかと考えたり、自分を「リメイク」「リデザイン」することも一興。この年でまだ〝新しいあなた〟に会えるとしたら、それは何より新鮮で楽しいことではないでしょうか。

現在75歳の女優の樹木希林さんは、決して美人ではないのにとても素敵な個性を放ち、プライベートでもきれいな銀髪とおしゃれなファッションで、失礼ながら若い頃よりはるかに魅力的な存在感です。そういう先達も視野に入れて「変わる」ことを恐れずに、どうせ一度きりの人生なのですから、いろいろな自分になってみるのもいいではありませんか。

私は過去の自分を引きずらず、チェンジ！したいタイプだと。HALF MOON時代、40歳で生まれて初めてばっさりベリーショートに。気持ちよかった！

Q

私のスタイルってあるんですよ、今さら変えられないです。

それは「変えられない」と決めつけているだけですよね。そう決めてしまえば、ある意味そのほうがラクですからね。それを守り通したいのならどうぞ、止めません。でも今の時代らしく「おしゃれに見えること」と両立するとは限らないので、そのおつもりで。

Q ベーシック＆シンプルなコーディネートが似合わなくなった。どこを変えるべきですか？

なかなかいいところに気がつきましたね。

はっきり言って、ベーシックやシンプルをみんな絶対視、永久視しすぎます。ベーシックは「おカタい」のと、シンプルは「素っ気ない」のとの紙一重。そんな服が何気に似合うということは、もとになる本体（体形もですが、手抜きのないヘアメイクとかも）が〝ちゃんと整っている〟のが条件になります。だから年齢がいくと、ただの〝無難〟以下でさびしいことになりがち。

そこで、簡単な改善策は料理と同じでスパイスを足すこと。たとえば、色柄ストールや大ぶりのネックレスなどのアクセントをワンポイントでも足すことによってぱっと引き立ちます。本来、シンプル＆ベーシックはそうやって自在に〝味つけ〟して着られるからこそおしゃれの基本とされ、そのまま着たら物足りないものと認識していろいろアクセントづけにトライしてみましょう。

Q ZARAやH&Mに入るなんて気後れしちゃう。

なぜだか理由がわかりません。

あんなに気兼ねなく自由に出入りできるお店はないのに！

広い店内をお散歩気分で「へえ、今こんな服がはやっているのね」と見るだけでもいいし、驚くほど安い値段のものもあるので「あら、こんなの着てみたい！」と思って、手の届く価格なら即買えるのも楽しいではありませんか。それに試着も何枚でも何回でもＯＫ、お店の人に気づかいなく、着たことがない服をいろいろ試せるのはおしゃれのいい〝自主トレ〟にもなります。

最近は服を着るサイクルのとらえ方も違ってきていて「いいものを長く」というより、「今、着たいものを楽しむ」ほうが〝今っぽく〟への近道です。

前述の芳村真理さんはテレビで「普段はファストファッションよ！」と自慢げに言っていらして、その写真も見せながら、「だっていろいろな服着たいじゃない？　飽きちゃうし」とも。それがおしゃれの本質!!と、胸のすく思いでした。

シニア服ってなんでダサいの？　でも、若い人のはサイズが合わない。

これにはいろいろワケがありまして、日本のアパレル業界がシニアに対して「オバアサン」というくくりしかもっていないことが一因です。意外なことに内情は思いっきり〝男性社会〟のアパレル業界と百貨店の不振が止まらないのは、現実の女性のマインドに寄り添っていないことなのですけどね。

そんなことを言ってもしようがないので、〝勝手に〟素敵なシニアになってしまいましょう！　頭を柔らかくして、自分に似合うものを〝どこからでも〟探し出し、そこそこの服であっても遊び心で楽しくアレンジやコーディネートをして着こなしてしまいましょうよ。だって私たちの若い頃はまだ、今のように安くてカワイイ服なんて皆無の時代でしたから、どうにかやりくり工夫しておしゃれしてきたはず。その戦歴を思い出して打倒シニア服!!の気合いをもちましょう。そのような意気揚々とした〝おしゃれシニア〟がたくさん出てくれば、お店や売り場も少しは変わるのではないかと望みます。

Q どこで服を買ったらいいの？

私は通販やネットショッピングをよく利用しますよ。

いちばんの理由は私のサイズ13号（ＬＬ）は、デパートなどの普通の売り場では売っていないからです（ほぼ11号まで。怒！）。通販ブランドはサイズも豊富な上、一回買うとカタログを送ってくるのでウインドーショッピング気分で目を通せますし、アマゾンなどのネット通販でも、サイズや色の条件で検索できるのも重宝です。

ＳＳやＬＬ以上の服や靴もネットのほうが探せたり、最初は少し慣れが必要ですが、使い出すと便利この上ないので、ぜひ挑戦してみてください。

まだこれからの方は「返品可能」なものからがおすすめ。家でゆっくり〝試着〟でき、サイズ違いや色違いも取り寄せて、手持ちのものと合わせたりもできるのですから〝失敗のないお買い物〟につながりますね。送料がかかる？　いえ、その商品を探す時間や労力、疲れてお茶したりタクシーを使ったりすることを思えば、送料は十分見合うものだと。

MINAKO'S STYLE

CHAPTER 3

オジサン化まっしぐらしてない？

私たちの世代は、1960年代後半にアメリカに端を発した「ウーマンリブ」という、フェミニズム運動の洗礼を大なり小なり受けています。「女らしい装い」は「男性に対する媚びである！」という後遺症（？）のせいなのか、今の団塊シニア女性は何も疑いをもたず、堂々の〝男装〟をしている人が多いです。

やはり時の流行や現象というのは、振り返ってみると「?・?・」「なんであんなものが？」ということも往々にしてあります。そのウーマンリブ運動の一環としては、1970年代前半から〝ノーブラ〟（ブラジャーも男性への〝媚び〟！）がはやり、まわりのおしゃれで進んだ人たちもそのほうがカッコいいとする流れでした。私も当然のようにそうしていました。今思うとそのほうがよっぽど扇情的なのにね、と苦笑いです。

そして、やはり60年代の世界的なミニスカートブームで、モデルのツイギーが筆頭の超スリム体形がトレンドに。当時、ぽっちゃり体形な上に、脚も太い私にファッションははるか手の届かないところに思えました。が、しかしそのあとに〝パンタロン〟という女性のパンツファッションが出てきたのです。「これは私のためにある！」とばかりに、洋裁もよくわからないまま欲しい一心に家のミシンでパンタロンを縫い始めたのです。なので、デザイン学校に入った18歳の頃から早々と〝パンツ党〟でした。脚が太いというコンプレックスからパンツベースのおしゃれが自分の定番となって、85年から手がけたHALF MOONというブランドは、当時まったくまだ見当たらなかった女性のテーラードパンツスーツが大人気となり、先進的な女性の定番服となっていきました。コンプレックスは身を助ける！です。

基本的に日本人は脚に自信のない人が多いですから、パンツの普及は年齢問わず拡散していき、その結果、特に中高年女性はほとんどパンツ姿が多い昨今です。

オバサンでなく、オジサン化の一途

女性のパンツ姿が日常着として当たり前になった頃から、ファッションはどんどんカジュアル化していき、老若男女問わず、場所も選ばず、ジーンズやチノパンに、Tシャツやポロシャツというスタイルが街にあふれるようになりました。

私も、パンツスタイルは自分の定番として、それなりに〝おしゃれなカジュアルスタイル〟をしているつもりでした。

ところが50歳を過ぎたある日、デパートでの仕事中にふと大きな鏡に映った自分の姿を見て「わ、わたし……オバサンじゃなくてオジサン!?」とドッキリしたのです。「これはやばい!」と本当に思った私は、そこから少しずつ〝女装〟を心がけるようになり、デザインのほうも今まで手がけたことがないフリルやギャザー、レースなど、〝女らしい〟テクニックを少しずつ取り入れるようにしたり。ある意味、頭を切り替えれば、今までの人生にないバリエーションだったので、服をつくる上でも新鮮な刺激といえました。

そういう経緯で〝女装化〟に成功した私は、ファッションアドバイスのときにもワンピースやスカートをおすすめすることがあるのですが、「えっ、そんなの恥ずかしいからイヤ!」と言う方の多いこと! これは「脚を出すのがイヤ!」ということもあるかと思いますが、女性が〝女装〟するのは当然なのに、「女性が女性服を着る」ことに抵抗感をもつのは思えば不思議なことです。

ほんの100年前までは男女の服装は厳然と区別されていて、それに反することは反社会的であり、中世においては犯罪でさえあったというのが今は嘘のように感じられます(現にジャンヌ・ダルクは謀反ではなく男装の罪で処刑されています)。

大正生まれの亡母は、60代後半で脚が変形してきたり、少し体が不自由になったとき、ちょっと恥ずかしそうな顔で「あのね、私ズボンをはいてみたいの……」と言った様子がすごく愛おしく思えたものでした。あの時代の人は「女がズボンをはくなんて!」と育ってきたので、このように時代によって着衣のとらえ方も全然違って変わってくるわけですね。

今、街にあふれる誰でも着ているカジュアルウエアの原点は、すべてといえるほど男物で、下着（Tシャツ、ニット、ワイシャツ）、労働着（ジーンズ、カーゴパンツ）や戦闘服（トレンチコート、ピーコート）なのです。

結局それらは、当然丈夫で機能に優れているために、こんなに普及してしまったわけですが、だんだん見かけ的にも性差のなくなってくる年代の女性が手抜きで着ていたらまるで〝男装〟になってしまい、オジサン〟に見えてくるのも致し方ないのです。

街で見かける仲のいい団塊世代のカップル、後ろから見たら同じようなカジュアル服の〝オジさんのふたり連れ!?〟に見えてしまうのはいかがなものかと。

今こそ〝女装〟を楽しんで！

さて私のおすすめ〝女装〟のNo.1は、なんといってもワンピース。一枚着るだけでコーディらずでエレガント、その上体形カバーもしてくれます。

あ、そもそもワンピースのとらえ方が違うかも？　団塊シニアにとっては、〝ワンピース＝ちょっと気取ったよそい着〟かしら？　今は〝ワンピ〟という軽い響きの全然カジュアルでもOKのアイテムです。ストンとストレートなラインのものなら体の線も気にならず、動きもラク、その上、女らしく見えてよもやオジサンには間違われませんから。

無地のものなら地味めの色から始めても、プリントや明るい色のストールなどあしらえばそれだけでもうとてもおしゃれ感いっぱい。カジュアルになら下にパンツやレギンスを重ねて、チュニックのように着てもいいですし。

おめかしの日にはネックレスなどでアクセントづけすればディナーや観劇にも堂々のエレガントな〝女装〟、特にプリントのワンピなら元気で華やかな印象です。手抜きでおしゃれに見えたい女性にとって(私もです。笑)、こんな便利なアイテムはありませんから。

ストレートシルエットのワンピを選ぶときの注意点は、大きすぎると太って見え、小さめだと体のラインが出がちなので、ちゃんと試着して動いてみて自分の体の見え方を確認することです。〝膝の隠れる丈〟が大人の品格なので、ふくらはぎまでのミディ丈を含め、歩いたり座ったりして膝の見え方も確認しましょう。

というわけで、私は〝女装〟するようになってからスカートもですが、最近はワンピースをかつてないほど愛用・活用しています。

若いときは最大のコンプレックスだった太い脚はちゃんとそのままですが、もう〝自分の理想化〟はやめているので気にしません。でも多少は脚を目立たせないようにタイツやレギンスを通年利用で乗り切ります。ある程度の年齢になったら太い脚も〝ご愛嬌〟という心の余裕も出てきましたし(笑)。

そう、年を取ったら自分をモデルさんと比べたり、〝理想化〟するの、もうやめましょうよ！　今の自分を愛おしんで大事にする、それがよりよく見えるように工夫、努力する、そういう自分基準ができるのが大人になってからのおしゃれの楽しみでもあるのです。「ステレオタイプよ、さようなら‼」です。

Q

ストレートなワンピースだと、ラクすぎて太らないかと心配！

それはあり得ます！（笑）
私も、ラクで太るのはイヤ！　なので下着でコントロールしています。特におなかとヒップまわりは甘やかしてはいけないので、ソフトなタイプのロングガードルを常用しています。ウエストを締めないと不安な方も、どうぞワンピの下にしちゃえばいいのです。

ほとんどパンツばかりだった私の珍しいスカート姿は80年代前半のMELROSE時代。スカートといっても媚びずにカーキシャツにネクタイという女兵士のような勇ましさ（苦笑）。

Q

夫とほとんどの服を兼用しちゃってます。

ビックリ!!　サイズもOKなんですか？　ご主人はスカートをはかないでしょうから、それは〝男装〟ということですね。人生や生活の選択はいろいろあって当然ですが、あなたにとって経済的・効率的な人生が最優先なのならそれでもいいでしょう。でも、服って、「おしゃれ」「素敵」「なごむ」「くつろぐ」「気分がアガる」など、音楽や絵画と同じように着ることによって得られるさまざまな喜びや感覚を与えてくれるものだと思うのですけれど。

なので私は服を気分転換に利用しますよ。暗い気分の日に明るい色を着て気分をアゲたり、ソフトなブラウスでやさしい気分になれたり。たまに着る着物は、普段とまったく違う自分になれるようで楽しいですし。

女性はアクセサリーなどの小物も含め、衣服のバリエーションが男性よりもはるかに多いのですから、その権利を放棄するのはもったいないと思いますけれどね。

ちなみに「ボーイッシュが好き」はもう理由にはなりません。それは第二次性徴期前からギリギリ20代前半くらいまでしかあてはまらないスタイルですので誤解なきよう。

Q

ワンピースなんて落ち着かないわ。

慣れましょう。慣れるべきなのです。

その下半身の心もとない感じが、女らしい立ち居振る舞いをつくるのですから。街で、いくら脚を広げても大丈夫なパンツと、どんないいかげんな歩き方もできてラクなウオーキングシューズと、両手がだらしないくらい自由なリュック姿の中高年女性を見かけることがありますが、山歩き以外でもそういう格好では、女性としての態度や仕草はどんどん消滅し、ひたすらオジサン化まっしぐらですからご注意を。

MINAKO'S STYLE

CHAPTER 4

大人になると高いものが似合うのウソ。

「大人向け」というと、女性誌や通販カタログ、もちろんデパートの店頭まで、どうして高級品、高品質、高価格のものばかりがメインに押し出されているのでしょうか。

まるで「お金がなければ大人らしくなれないの!?」と毒づきたくもなります。「大人＝お金がある」「大人＝いいものを着なくては」という発想がまず大きな疑問ですし、それ自体がすでに古い価値観のように思えます。

なので私はときどき自分で検証してみます。デパートなどにも入っているよく知られたイタリアのマダムブランドでちょっと試着を。高級感あふれる風合いのキャメル色のコート、「よくお似合いです」と店員の方が言います。

「ふむふむ、こうなるのよね、私……」、確かに年相応には〝似合う〟のかもしれませんが、でもそれは私の望むイメージではなく、〝貫禄〟という言葉を思い出させ、リッチなマダム風で気取って上からもの言う感じでしょうか、そんな私を自分は求めてはいません。たった一枚のコートで人格の変更まで余儀なくされる？　自分のなりたいイメージを確かめるためにもときどきやってみたりするのです。

もちろん、そういうものに憧れた時期もありました。時はバブルの80年代後半、30代中ばの私は、頑張ってアルマーニなど高級なものを手にしては悦に入っていました。今思うとまだその年齢にはそぐわない〝背伸び感〟がなかなかミスマッチでよかったのだと思います。

ところが50歳くらいになったら、高級なものは「似合いすぎでシャレにならない！」し、「年相応の落ち着き感があるだけ」「自分の生活にそぐわないし、ムダにリッチ感」で、「ウッソー!! 大人になるといいものが似合うなんて話が違うじゃないの！」と愕然としたものです。

「高いものを長く着る」のも、もう違うかも？

確かにミセス・シニア市場は〝リッチなマダム〟か〝テキトーなオバチャン〟かの二択しかないように見えるのは業界自体の責任です。でも、もう業界も体力・気力がなくなっているので、はっきり言って売る側に惑わされないでください（アパレル業界にいる私が言うのですから本当です。苦笑）。

なぜこうなるのかというと、残念なことにファッション業界といえど、内情は男性主導型で男性の思考で女性服を判断していることにもあります。

また男性服の常識と、女性服の常識とはまったく違います。たとえば、女性のワンピースと男性のスーツを比べますか？　構造もコーデも、着るメンタリティもメンテナンスも何もかもすべて違うのです。

男性服なら「長くいいものを」「着込んだ風合い」「手入れしてずっと」などあてはまるこ

とも多々ありますが、女性は基本的に変化を好み、だから服にかかわらず流行というものが好きですし、また体形の変化も出やすかったり、女性服の素材は比較的デリケートで男性服よりも長持ちしない、というように服のサイクルも違います。

まあ今は昔ほど流行や形の変化も少ないので、とりあえず〝高級・高品質〟をお題目にしておけばよい、というイージーな発想の売りのネタは今の業界の怠慢、それしか思いつかない一種の〝守り〟でしかないということです（こんな本当のこと書ける人は私くらいしかいないと思いますけれどね。苦笑）。

高いものがおしゃれなんて、今さら言いますか？

もちろん高級、高品質というのはそれなりの優れた特性がありますが、それがイコール「おしゃれに見える」、とは限らないということです。

たとえばカシミアのセーター、私は1、2枚は持っていますが、ユニクロ製でよっぽど寒いときしか着ません。要するに普段、「おしゃれ着としては着ない」ということです。なぜならカシミアのうっとりするような柔らかい風合いは、私のたるんだ丸い体のラインを著しくあらわにし、ちょっと動けばおなかのふくらみや背中のダンダンも映してしまうので、「〝着やせ〟最優先&見苦しいところはなるべくお見せしない主義」の私としてはカシミアはわざわざ着たくないことになります。

シルクはメンテナンスが面倒（シミになりやすい、劣化しやすい、要ドライクリーニング）

だし気を使うので、その代わりに良質のポリエステルで全然ＯＫです。そういう自分の基準で選んでいった結果、もう高品質の高いものを買わなく、いや買う必要がなくなりました。「安かろう悪かろう」の時代はとっくの昔。今は低価格でもそれなりの素材感や縫製が伴っているものが多いのですから、高い服を後生大事に着るよりも、そういうものを軽い気分で取り入れるほうがまさに〝今っぽい〟感覚といえます。

若い頃からあらゆることに逆らって生きてきた百戦錬磨の団塊世代なのですから、売り場やファッションの情報なんて今さら信じなくていい！のです。

服への価値観も変わってきています

同世代で高級品や高級ブランドに身を固めた人を見かけても、よい悪いとかではなく、なんだかちょっと距離感のある「とっつきにくい感じ」の印象をもってしまいます。あ、それと「お金があるんですね〜」、感想は以上です(笑)。

仕立てのよさにこだわる人もいますが、縫製や技術にも流行があったりします。今の時代あまりにきっちりと念入りに仕立てられたものはおカタいイメージで、頭まで固く見えてしまいそう。

たとえば、２００1年から14年までランバンのアーティスティックディレクターを務めたアルベール・エルバスが、切りっぱなし（裁ち切り）のテクニックで高級服を出したのは衝撃的で、その軽やかな印象が時代に合って大人気となり、そこから縫製や仕様のテクニックもすごく変わったように思います。

よく「スキのないおしゃれ」と言いますが、今の時代は、そういうのも見ているだけで息が詰まりそうで。どこかに〝抜け感〟がないと、いい意味のちょっとユルさがないと、おしゃれには見えないのです。そういう価値観のポイントも時代とともに変わっていくものなのです。

本格的メンズテーラードを目指していたHALF MOONのパンツスーツ姿で1989年頃。生地もイタリア製を使い当時10万くらいした、まだバブルの頃。スキがなさすぎ！　写真／坂田栄一郎

Q

長く着たいから高いものを買います

とてもリスキーです。おしゃれ度が基準でなければどうぞ。

なぜなら残念なことに必ずしも「高いもの」と「長く着られるもの」はイコールではない

からです。もし物理的に10年着られたとしたら、それが10年後ちゃんと、あなたに似合っておしゃれに見えているのだろうか、ということです。本人の体形や雰囲気も変わるでしょうし、先のことは誰もわからないので、はなはだ疑問ということです。ただ「長く着られる」ことに価値観を感じていて、固守したいなら「おしゃれで素敵に見える」のは二の次ということになります。

Q 高かったのにそう見えないのはどうして？

「高いもの」と「高く見えるもの」はイコールではありません。

私は値段にかかわらずいいと思ったものは買うので、安いものも着ますが、決して「安っぽい」というふうに見られたことはありません。人の目にとまれば値段も教えるのでユニクロであろうと「あなたが着ていると高く見える」と言われます。

タネあかしは簡単、安いものを着るときほど、よりコーディネートに気を使っているから。高いものがそう見えない人は、コーディネートが手抜きだったりするのでは？　高いことの価値感に安心してそれに依存したいいかげんな着方になっているのでは？

それと高いものを買うときには「高く見えるかどうか」もちゃんと自分の目で吟味することです。私が安いものを買っても「安っぽく見える」ものは買わない、のと同じことですから。

Q じゃあ、高いものを買うときの注意点は？

基準は〝コスパ〟（コストパフォーマンス）です。

値段そのものよりも「この服を何回着るだろうか」を考えることです。ものを見つけたときに「好き！」「似合う」からちょっと冷静になって、どのくらい自分にとって使い勝手がいいか、着るシチュエーションがあるか多いか、などを考え、着る回数が多い目算が立つなら納得した判断ができるでしょう。

たとえばバーゲンで衝動買いの１０００円のセーターは１回しか着なかったらコスパは一回１０００円で、１００００円のセーターは10回着たらコスパは同じです。それ以上着たらどんどんお得感が出てきますね。もちろんセレモニーなど「ただ一回のために」でも、その人にとって意味や価値があるものもあるでしょう。そういう場合、最近はレンタルもどんどん普及していますが。

基本的に今の流れは、気に入った服を後生大事にではなく、着たいと思ううちにどんどん着る、旬のときに着倒す、これもある意味〝おしゃれの効率としてのコスパ〟といえます。何せもう〝物のない時代〟ではないのですから。

MINAKO'S STYLE

CHAPTER 5

「好き」と「似合う」は違います！

女性は本当に「好き♡」という言葉が好き。瞳を潤ませ「この服が好き♡」「この色が好き♡」とうっとりと言われたら、誰もそれに口を挟むことはできません。それが趣味嗜好のことならいいのですが、ことおしゃれに関してだとけっこうそれが〝足かせ〟になっている場合が多いのは、私が今まで何百人もの女性たちに実際アドバイスをしてきた上ではっきり言えることです。

「好き」なものなら飽きない、嫌いにはならない、ますます愛着が湧く……それが洋服に関してだと、そこで時間が止まってしまいます。

2章で述べましたが、おしゃれは自己満足では成り立たないもの。人からおしゃれと思われないのは大人の場合、多くは今との〝時差〟があることからでした。その原因のひとつには「好き」が時間を止めてしまうということもあるわけです。

誰しも「若い頃から花柄が好きなの」「チェックがずっと好きで」「ピンクが好き」、または逆に「花柄は嫌い」「無地しか着ないです」「ピンクなんて絶対似合わない」と好き嫌いへの思い込みは、実は両面です。

このような「決めつけては損！」なことを証明するべく、私のセミナーのときに何回やっても目からウロコといわれる「カラーレッスン」があります。用意した色柄さまざまな30〜40枚のストールの中から、ひとりの方に「好きな色」と「嫌いな色」を3枚ずつ選んでもらいます。そして、1枚ずつ顔の近くにあててそれぞれの〝顔映り〟を会場の方に見ていただき、6枚のうちいちばんいいと思うものに一回だけ挙手を。これが驚くことに、9割以上の確率で「嫌いな色」に手が挙がるのです。見るほうは正直な感覚ですから、びっくりなのは本人！　今までの自分の好みはなんだったんだろう……という軽いショック状態に陥る方も。

このレッスンで私が伝えたいことは「決めつけては損！」それだけなのですよね。似合う色だって実はどんどん変わっていくものなのですから。買い物で「好きな色」には自然に手が伸びるものなので、そのときあえて「嫌いな色」も一緒に選んで、鏡で顔映りを見比べるようにアドバイスします。

がっくりショック！の後は、皆さん前向きになって「やってみます！」と瞳がキラキラと輝きます。だってたったそれだけのことでおしゃれの可能性がぱーっと広がるのですから！

色を味方につければたちまちおしゃれに見える！

ちなみに私の好きな色を聞かれたら「特に何色というのはありませんし、決めません。そのときによっても、またアイテムによっても色の選び方は変わりますし、飽きることもありますし。でも、早い話が私を素敵に見せてくれる色なら、どんな嫌いな色や柄でも好きになります！」なのですね。色や柄は素材の質感やデザインによってもまるで見え方や印象が大きく違うこともあるので、思い込みにとらわれず、決めつけず、自分に対しての「色や柄」を「素直に見る」、それに尽きます。

そう、服装って細かいところよりも「色」の印象がいちばん強いもの。色を味方につけてしまえばそれだけで何段階もおしゃれはランクアップします。自分を引き立たせる色を選べばおしゃれ度の半分以上は決まったようなものです。

そもそも日本は国土が狭いせいか、ものの見方が近視眼的な傾向があります。大陸の欧米人はそういう意味では遠視眼的で、色とバランスだけでカッコよく見せる術を知っています。たいしたものを着ていなくてもぱっと見カッコよく見せたりするのがとても上手。逆に日本人は、いいもの、凝ったものを着ていてもなんだかぱっとしないとか、残念だけれどありがちなのですよね。

それから、「濃い色はやせて見える」「薄い色は太って見える」っていう単純な判断も損です。おしゃれってただの面積・体積の見え方だけではなくイメージも大きいはず。最近は〝ふっくらさん〟〝ぽっちゃりさん〟も人気ですが、そういうやわらかくあたたかい感じは、パステルカラーや薄い色で多少大きく見えることがあっても、イメージのやさしさで好感をもつものですから。

全身真っ黒なコーディネートの〝黒依存性〟の人もよく見かけるけれど、ノーメイクに近い人だと不健康に見えたり、細い人だと貧相にとか魔女感が出たり。太めの人だとかえって重量感が出て迫力や威圧感を感じてしまったり。基本的に黒は引き立て度がなく強い色なので、扱いは〝難しい色〟と認識してほしいものです。

〝黒ずくめ〟でも、必ずアクセントカラーや色柄をそえる（ストールやバッグなど小物でもＯＫ）だけでもまったく印象は変わりますので、〝黒依存性〟の方はご留意ください。

あとプリントやチェックなど柄ものも、好き・嫌いが結構はっきり分かれたりします。それも決めつけては損で、色の選び方と同じく鏡の前で自分にあてて顔映りや全体を見ます。柄物も選び方によっては体形をすっきりと見せる〝着やせ〟効果のあるなしもあります。少し離れて目を細めて見たときに、柄に〝抜け感〟があるかどうか、色づかいにコントラストが少なく無地寄りに見えるようなものは、あまりその効果がありません。地味で細かい柄よりも、大きめの柄でコントラストやメリハリのあるほうが体形的に〝着やせ〟メリットがある場合が多いです。

ほかにも柄物のメリットは「汚れが目立ちにくい」ことにもあるので、旅行のときなどおしゃれに見えて、実は実用的ということもあるのです。

本当に、女性のいちばん「好き・嫌い」が出るのが「色」「柄」なのです。それをこの辺で見直してみて、もうこれから先の人生は「似合う色しか着ない！」方針がよろしいのではないかと。私はそう思っているので、日頃からクロゼットで目についたものをチェックして、「あ、やっぱりもうこの色似合わないな～」（言葉で書くと軽いですが、ちゃんとちょっとはがっくりします）と判断します。似合わなくなった色の服は、人にあげたりしてお役目御免と目の前から消えてもらいます。そのくらいシビアに、私のおしゃれ度は「色」に依存しているといえるからです。

Q

外国のおばあちゃんみたいに赤を着てみたいけど？

何か問題ですか？

年を取ったら地味に、というのは日本特有の、それも身分や年齢で着物が決まっていた江戸時代のこと。女性は結婚したら眉を落としてお歯黒、地味な着物で平均寿命は40歳より前……、そういう200年も前の認識を引きずっているとしか思えません。基本的には、加齢現象で肌色がくすんできたら、グレーヘアで髪の色が明るくなったら、きれいな色のほうが顔色を元気に明るく見せてくれます。赤に限らずいろいろきれいな色を顔にあててみて、自分を引き立ててくれる色を発見し堂々と着る、あなたを元気に素敵に見せることに問題なんてありません。

Q

大好きネイビー。最近似合わない気がします。

長年好きだった色ほど見直すべきです。つい「好き」ということに安心して、何も考えないで着てしまいがちですから。

ちなみに私は逆で中学・高校とずっと紺色の制服だったせいか、ネイビーが大嫌いでした。ところが60歳過ぎてからのこと、黒を着るとなんだかキツく強すぎるように感じて、そこでネイビーにしてみたらなかなかいい感じだったのです。自分としては意外なことでしたが、「嫌いな色」であろうとよく見えればコロッと変わる！　素直な私なので、そこからネイビーも着るようになりましたが。

ひょっとしてネイビーのピーコートなどだと、色自体でなくその堅い感じが似合わなくなってきたのかもしれませんね。色はネイビーでも、ソフトなブラウスやカットソーを選んでみれば、慣れ親しんだ色もまた新鮮な感じで着られるかもしれません。

Q　コートやジャケットはついベーシックな色を選んでしまいますが、正解ですか？

コートというアイテムの性格上、致し方ないともいえるでしょう。でも、「ベーシックな色＝それだけで成り立つ、いい色」ということではなく、「無個性でどんな色にも合いやすい重宝な色」が本質です。

黒、ネイビー、ベージュ、グレーなど、ベーシックで〝無個性〟な色を着るには、〝個性〟をつければいいのです。

ベージュはおとなしい色だけれど、ビビッドな色のストールで元気に！　グレーは上品だけれど地味だから思い切って明るい色の口紅を！　ネイビーは男っぽいから大きめプリントのスカーフでエレガントさを！　というように、ちょっと自分の意思をプラスして着れば、いくらでもそれに応えてくれる色ということなのですから。

でも、もし3枚以上コート類を持っているならば、1枚はカラーコートもいいものです。落ち着いた赤系、ダークなターコイズブルー、オリーブグリーンや濃いめのマスタードなど、暗い冬場にちょっと明るい気持ちに気分転換もしてくれます。それにカラーコートは、着ればそれだけでおしゃれに見えるし、色自体にも慣れるもので、思い切って取り入れてみるのもおすすめです。

MINAKO'S STYLE

CHAPTER 6

数字よりサイズ感。だから、試着命！

CHAPTER

6

女性にとってボディサイズは命⁉　毎朝量る体重の数字の変化への一喜一憂ぶりは、自分でも「私の人生は体重か⁉」と思ってしまうことも。

でも、私の場合は多少の体重増でも長年培った〝着やせ〟テクニックがものをいい、服選びやコーディネートですっきりカバーし、何事もなかったように平然とお出かけできますが。

実は私は20歳まで太めで体重60キログラム以上、60年代後半の当時は今よりもはるかにスリム基準のファッションで、おしゃれしようにも入る服がなく、見よう見まねで母親のミシンを踏み自分の着る服をつくっていたのが今のデザイナーという仕事に結びついているのです。人生何がどうなるかわかりません。

そして20歳のときにこのままではイヤだと大決心して、当時話題の日本初のダイエット本、人気歌手だった弘田三枝子さんの『ミコのカロリーブック』（集団形星・１９７０年）でダイエットに成功、普通サイズ９号の服が着られて夢のようでした。

が、しかし時間はたっていき40代になるとジワジワ11号に（でも、ま、いいか……）、そして50代から年間５００グラム増に抗えず現在60キログラム（身長１６０センチメートル）、堂々の13号、ＬＬサイズです。
でも「そうは見えない」と言われることが多く（巻頭写真でご判断ください）、通常は実際より太って見えることが常識といわれるテレビ出演でさえ、そうは見えないようです。ショップチャンネルの私の番組では、私のサイズもお知らせするので、そのサイズ（ＬＬ）から売れていくことが説得力でしょうか（笑）。

今は普通に使われる〝着やせ〟という言葉ですが、10年以上前にその本を出したのは私が初めて（『ヨコモリミナコの図解！　着やせマジック』小学館、２００７年）で、「なんでそんなことを考えられたのですか？」という質問もよくありましたが、「それは私が太っていたからです」という単純な理由なのです。

昔から自分で服をつくるときも着るときも、「少しでも細くすっきりと見せたい」ということを必死に心がけていたので、自分なりの方法論ができていったわけです。もちろん仕事で服をデザインするときも、常にその軸足での条件は変わりません。

ここぞとばかりに、自分の話ばかりになってしまいましたが、私の〝着やせ〟テクニックは身をもっての体形リアリティからなのでした。でも〝着やせ〟といっても、ただただ細く見せるということだけではなく、体にメリハリをつけて「体形をよく見せる」ことなので、逆にやせすぎ、細すぎを気にされている方にもほぼ同じく通用するテクニックなのです。

ここからが肝心の大人思考への話です。私は自分のＬＬサイズがどうしてもイヤなら、頑張ってやせることができるかもしれません。でも私は〝自分のコンディション〟を見ながら判断しています。なぜなら若いときとは太り方・やせ方も変化して、若い頃はやせても顔は最後にでしたが、50代後半からは顔からやせるようになってきました。

すると顔がゲッソリして「あら、疲れてるの？」と聞かれたり、シワも目立つようだし、これなら体重のほうには目をつぶるか……、体は〝着やせ〟でカバーできるし！

ということで、ただただ理想体重をキープするのではなく、自分にとっての〝程よい体重〟と見方を変える、それもとても大事なことだと思ったのです。

よく「若い頃から体重が変わってない自慢」の方も、ある意味数字にとらわれているといえます。たいへんな努力には心から敬服しますが、それが今の自分の状態にとってよりよい見え方かどうなのか、見直してみることも大切だと思います。

ちなみに〝着やせポイント〟とは、

「デコルテ（首から鎖骨）」（襟の詰まったものは着ない）
「手首」（七分袖やロールアップでなどで手首見せ）
「足首」（クロップド丈で足首見せ）
「ウエスト」（締めなくてもベルトあしらいや少しのくびれで暗示すればＯＫ）

の４か所で、ここさえアピールすれば即・着やせ効果が出るのは私が実証しています。

「程よいゆとり分」のあるサイズを選ぶ

私たち世代が洋服をカッコよく着るための、いちばんのポイントはなんだと思いますか？　それは「程よいゆとり分」があることなのです。

体重は変わらなくても体形は確実に変化してしまいます。そういう体のあまり見せたくない部分（おなかのぽっこり、脇腹や背中のダンダン、お尻のタルタルなど）を、さりげなくカバーしてくれる服を選べば、けっこう〝なかったことにしてくれる〟効果が期待できます。そのためにはピタピタではなく、「程よいゆとり分」がポイントなのです。

そのために服選びは試着がいちばん大事、サイズ違いも着てみて、もしそれが自分の思わぬサイズであっても憤慨しないよう。だってサイズは表に見えないですし、それより「自分が素敵に見える」ことが先決でしょう？　数字だけで決めるのは損です。

また私のことですが、私はこういうことにとても注意を払って着ているので、太くは見えていないわけです。13号（ＬＬ）の服は私にとって「程よいゆとり分」があってきれいに着られるということなので、決して〝ピッタリフィット〟ということではありません。

体を隠したくてやたらと大きめの服を着る人もいますが、「洋服の面積＝体の面積」になってしまうので、ひたすら巨大に見えると損なので、やはり試着で「自分がどう見えるか」をちゃんと確認しましょう。

ちなみに試着は2章でも述べたとおり「鏡から最低1・5メートル離れること」、そうすると3メートル離れた姿を見ることになるので全体のバランスがわかります。そうでないと部分ばかり気になってしまい、効果的な服選びができないからです。全体のバランスで調整すれば、細部にはあまり目がいかないものです。

この世代は、スリムファッションの時代が長かったのでサイズ基準も〝ぴったり〟や〝ジャストサイズ〟を叩き込まれている方も多いのですが、ワンサイズいやツーサイズ、アップしてみると驚くほど体形の見え方は変わります。

実は、流行というものは、デザインよりも、シルエット変化のほうが顕著なもの。80年代後半バブル期の、みんなこぞって肩をいからせた逆三角形のビッグシルエットを思い出してみれば明確でしょう。そして今は、〝ちょいゆるフィット〟傾向なのですから、思い切って試してみれば、体がすっきりきれいに見える上に着心地もラクなはず。取り入れない手はありませんね。サイズ感覚をアップデートできれば、それだけで即今風の素敵な人になれますから ぜひトライしてみてください。

Q パンツの試着は、ヒップとウエストどっちに合わせるの？

ヒップです。ヒップのおさまり加減、フィット加減がパンツ姿の決め手ですから。

これこそサイズ違いの試着がものをいいます。ほどよい感じになるよう、自分のヒップがきれいに見えるようなゆとり分があることを後ろからも横からもしっかり見ましょう。ヒップの細さを気にする人は少し余分なゆとりがあっていいかもしれませんし。

体のとらえ方にも流行があって、今どきはウエスト○○センチメートルが自慢！なんていう話は聞きません。なのでゆるい場合のウエストはベルトで調節したり、私などは安全ピンでちょこっとつまんでおくだけです。足りない場合はあきらめるか、お直しを。どっちにしろ大人はあまりウエストを見せて着ることが得策ではないと思うので〝いいかげん〟でもいいわけです。

2002年なので15年以上前、smart pinkを立ち上げた頃。今より5キロは少ないけれど、なんだか貧相に見えます、という前向きな見方(笑)。

下半身デブです。

私もです(笑)。

なので単純に考えれば、上下のバランスを取ればかなりカバーできることは私が証明していますね。上半身をゆったり大きめのシルエットのものにして、下半身はコンパクトにする。目の錯覚で十分ごまかせます。間違ってもこの逆（フィットしたトップス＋たっぷりギャザーのロングスカートとか）は、やらないことです。

いつもずっと9号ですが、服によって違うような気がします。

そのとおり違います。

服は工業規格製品ではないので、同じ9号表示でもメーカーやデザイナーによってサイズの取り方は違うものなのです。だから自分のサイズを決めつけては損！　なんだかしっくりこない理由がサイズによることも多いので、9号の人なら7号も11号も、あるいはコートなどなら13号まで着てみることだってアリなのですよ。自分の着る目的や重ね着するなどの〝使い勝手〟によってサイズ選びを変えることも当然です。サイズ、に着られては、いけません！

MINAKO'S STYLE

CHAPTER 7

イージーに着るなかれ
カジュアル！

今の時代は、〝ジーンズとTシャツ〟はどこにでも売っていて、老若男女問わず子供から高齢者まで着ていてもなんの不思議もない、ただのカジュアルアイテムに過ぎません。

でもそれらが60年代には社会を、時代を変えるほどの意味合いがあった（労働者階級の衣料だったのが、反体制・改革のシンボルに）わけですが、時の流れで当時の象徴性や意味は消滅し、ごく一般的な日用衣料品になってしまいました。

しかしいまだに団塊世代はこの〝神話〟が大好きで、「いつまでもジーンズとTシャツの似合う大人でいたい！」とのたまうわけですが、はっきり言ってそれはもう無理です。

なぜなら、言うまでもなくジーンズはもともと探鉱労働者作業着、Tシャツはただの下着、なので人さまの前で着るものではなかったのです。それがマーロン・ブランドやジェームズ・ディーンの映画が〝スタイル〟にしたのですが、あの若く立派な体躯《たいく》に着てこそのアピール力といえるでしょう。

そこまでではなくても、もとが粗野・粗末な服なのですから、〝若さ〟のハリやキレがなくてはもたないと認識してほしいです。

シニア世代はジーンズ禁止!?

「ジーンズは若さの象徴」と信じて疑わずに大人の女性が着用しても、ただの気の抜けた粗末な普段着というだけで、おしゃれにはまず見えないでしょう（もし、そう信じてそう見える人がいたら過去への幻視や願望がそう見せているだけ）。まだ男性のほうが少しはさまになる確率があるのはもとが〝男物〟だからという単純な理由です。

特に最近はストレッチ素材の普及で、大人女性のタイツと見まがうほどのピタピタジーンズは目に余るものが……。本人は「私、まだまだスリムなジーンズ着られてイケてるでしょ？」と自慢気なのかもですが、その勘違いの気合いと見ためははた目にイタいものです。

そういう私だって、70年代にジーンズを求めてアメリカにまで行ったくらいのジーンズ好きでした（当時のアパレル業界では浮いていましたが）。なので自分なりにジーンズははき続けて、40代になってからはジャケットと合わせたり、おしゃれっぽく着こなして乗り切りましたが、50代以降は家以外ではほぼはかなくなりました。

嫌いになったのではなく、「もうカッコよく着られない」と感じたからです。どうにか大人らしくとバッグや靴やアクセサリーまで徹底的にコーディネートして、でも、すごく気を使った割には素敵に見えない……。だったらとっとと小ぎれいな別のものを着たほうがよっぽどおしゃれに見える、と悟ったからです。ジーンズが好きだったからこそ、思ったイメージに着られないなら、潔く「着ない」という選択です。
〝神話〟を知らない今の若者の中には「ジーンズは汚い感じだから着ない」という人も多いと聞きますが、なかなか正しい見方だと思います。

カジュアル着るなら無造作は禁物！

3章で述べたように、カジュアルの原形は男性服なので、イージーに着るとオジサン化してしまうことにもありますが、若さがもつ〝清潔感〟と〝健康感〟、そして〝躍動感〟までないとそのよさは出ないので、だんだんそれらがなくなってくる年代では似合わなくなってくる、いえ、極端に言えば「みすぼらしく」見えてくることさえあり得ます。

カジュアル服の着込んで着慣れた風情は、ある意味〝劣化〟の産物です。若い人には、逆にそれが若さを引き立たせることにもなるけれど、人間がくたびれてきたらなんとも情けない風情にもなりかねません。

当たり前のように普段着ているあるアイテムには注意です。それは「見慣れて」しまっているだけで、実際あなたを「どう見せているのか」を確認することが必要です。

もちろん今の時代、カジュアル服なくして生活はできません。そこで、私たち大人世代が**カジュアルを着るときの注意ポイント**ですが、

古びた感じのするものは着ない。

くすんだ色でなくきれいめの色を着る。

この2点に気をつけるだけで、値段など関係なく、こざっぱりとした印象になります。

あともうひとつは、定番のようなアイテムでも今風かどうか見直すこと、つまり、**アップデートする感覚が必要です。**

たとえば、基本的な白いシャツ。少し前だと木綿で少しシェープの入ったセットインスリーブのものが定番でしたが、今それをおしゃれに着たいのなら、全体にゆったりとして肩も下がり、生地もちょっとレーヨンやポリエステルの入ってしなやかな落ち感のあるものなら、とてもおしゃれに見えることでしょう。

〝白いシャツ〟という言葉は同じでも、もの自体は時代によって変化しているもの。定番だからといつまでも同じものを着ていたり、以前のものを引っ張り出して着るのでは、〝時差〟を感じさせておしゃれに見えないのはそのためです。

このように大人にとって、カジュアルなファッションで〝見映え効果〟や〝おしゃれ効果〟を上げるのは、かなり難易度が高くなることを忘れないでください。

また、ここであげたカジュアル服へのアドバイスは、ほぼ男性にもあてはまりますので、パートナーを素敵にしたいと思う人は、参考にしてください。

とにかく大人は、カジュアル服に依存しないこと、そして「着る場所」をわきまえること、これは次の章に詳しく書きますね。

1976年にアメリカに初上陸、まだ行くのを危険視されていた時代にひとり旅。ローリング・ストーンズも観て、ジーンズや古着も買って、それから毎年行くように。周囲からはなんでアメリカ？の声の時代。

Q 大人にふさわしいジーンズの着こなしは？

え？　前述したとおり「なるべく着ない」ことです。が、どうしても着たければ、きれいなブラウスやジャケット、アクセサリーなどをつけて大人っぽくエレガントに着ることを心がけてください。

「着てはいけない」とはいいませんが、そのジーンズに固執する姿勢がまず、〝今っぽくない〟のですけれどね。

Q コットンの洗いざらし感が好きです。

ご自分自身も長い人生に「洗いざらされている」のですから、洗いざらしの相乗効果というふうに見えてしまうのはいかがなものでしょうか。

また、〝清潔〟と〝清潔感〟は違います。洗濯が大好きなことが服の劣化を早めています。その結果としての色あせ、変形、ヨレ、くすみなどは、残念なことに〝清潔感〟とは程遠くなりますのでご注意ください。

Q パンツルックで女性らしくするコツは？

パンツは〝男性服〟ですから、それ以外の身につけるものはすべて〝女性服〟や女性のアイテムにすることです。

男性が着るアイテムの組み合わせでは即、〝女のオジサン〟に。

ソフトなブラウスや女らしいカットソー、フェミニンな靴やバッグ。早い話がテーストの合わないものを合わせる〝ミックスコーデ〟にすることとです。実はこれが今風コーディネートの主流で、大人はテーストの合わせすぎで損しているので、そこからの考えを変えてください。

Q オバサンがみんな着ている暗い色のダウンジャケットってどう思いますか？

軽く暖かく雨風にも強くて機能的で便利ですから、着ない手はないでしょう。

でももとは登山や狩猟などのヘビーデューティな実用衣料なので、ただの寒がりさんや、勇ましい越冬隊員に見えないよう、これもワンピースやプリントのスカートにカラータイツやロングブーツなどを合わせ、女性らしくおしゃれ感をもって着ることです。ストールなどのきれいな差し色や、リッチなファーなどをあしらうだけでも変わります。また、最近は女性らしいデザインや色柄もあるのでそういうものを選んでもいいですね。

モコモコして背中が丸く太って見えがちなので、姿勢をよくして歩くなどカッコよく着れば大丈夫です。

MINAKO'S STYLE

CHAPTER 8

大人こそTPOのお手本を！

60年代のメンズファッション〝アイビールック〟で名を馳《は》せたＶＡＮの創設者、石津謙介さんは、戦後やっと洋服が一般化してまだ日本人が洋服をどう着ていいかわからない時代に、〝ＴＰＯ〟（タイム、プレース、オケージョン）という和製標語をつくり、「場所や状況に合わせて服を選ぶ」ということを提唱しました。わかりやすいその言葉は日本人一般に、洋服生活の基礎を教えてくれた偉業だったと思います。

ああ、それなのに大人も今やどこへ行くにもラクでイージーなカジュアルコーデ一辺倒。ＴＰＯの洗礼を受けた私たち団塊世代の大人がそれを忘れてしまってはいけないのではと。

私としても、服装は値段やブランドに関係なく、「場や状況に合った格好」がいちばん引き立っておしゃれに見える、というのが持論です。ましてやＴＰＯを知る世代だからこそ、そのことを身をもって示したいものです。かといってむやみに頑張る必要はなく、「空気を読む」という言葉がありますが、「状況を読んだ上での服装」でいいわけで、同じような格好でもそれを意識するとしないとでは全然違うものです。

たとえば、その日に昼間は用事で出かけていて、夜はお友達とレストランでお食事、という状況だったら、ニットとパンツの組み合わせでも、夜のことを考えてちょっと大ぶりのネックレスをあしらったり、華やかなストールをバッグにしのばせておくなど、そんな〝ちょい足し〟でいいのです。

私はそんなときはワンピースが多いですが、まさにネックレスやストールで〝ちょい足し〟して、昼間と雰囲気を変えます。特に食事なら、テーブルの上に見える上半身にコサージュやブローチなど何かちょっとアクセントがあるだけでも十分効果的です。

若者のおかしな格好は見て楽しんでしまうことのほうが多いですが、大人の構わない格好は見ていて寂しくなります。たとえば観劇やコンサートの場で、長時間じっと座って鑑賞しているのは大儀とばかりに見るからにラクそうでカジュアルな格好……。好きな演者に敬意を払うならば、その気持ちをそれなりに体現したいと思うのが本当のファンであり、礼儀だと思うのですが。歌舞伎座であっても、リュックやまるで山歩きのような服装（リュックとパーカはクロークに預けて、せめて下にきれいな色のニットやストールを）とか、素敵なレストランのランチタイムにスポーツウエア（テニスやジムの帰りなら汗くさそうで不快と感じる人もいるはず）とか、何よりその場に合った格好のほうが自分もより心地よく楽しめるはずだと思うのです。私はそういう服装を考えることも観劇やコンサート鑑賞の一部だと思っているので、もちろん決まらなくて悩むことはあっても、自分なりにそれを楽しみます。

旅こそおしゃれのシーンづくりです

服装は気分も変えるので、そのシーンに合わせたほうがよりその場を深く味わえることにもなります。

それをもっとも感じられるのは旅ですね。

私は一時期、仕事で毎週、新幹線で関西に通っていました。駅でよくシニアの団体を見かけましたが、「どんより暗い色で一見男女の区別がつかない」集団に何回遭遇したことでしょう。グリーン車に乗るくらいですからお金はあるはず。小耳をすませば「夜の料亭は〜〜」とか「ランチのレストランは〜〜」など楽しそうですが、私からすれば「ハイキングのようなその格好で？」がとても残念でした。

女性陣のその格好とは、くすんだ色合いのニットやブルゾンやパーカとパンツ、足元はスニーカーやウオーキングシューズ、ウエストポーチやリュックそして登山帽。多少上品ではあっても、山歩きのいでたち……。旅はラクがいちばんとばかり、どんなシチュエーションでも旅だから許される？　優雅な旅なら、もう少しおしゃれ感のある身なりのほうが楽しいのでは、といつも思っていました。

これが外国旅行なら、よく昔レストランで「日本人はいい席に通されない」と憤慨する話があって、私はそういうとき「でも、その人いったいどういう格好をしていたのかしら？」と思ったものです。一流レストランに昼間の活動的でカジュアルな服装のまま行っては、それは「場に失礼」というもの。お金を持っているから、予約してあるからといっても、素敵な場の雰囲気のなかでは、自分もその一部となるのですから「景色や雰囲気が悪くならないように」を意識するのが当然でしょう。

たかが服といっても、ヨーロッパでは服装もカルチャーですから、おしゃれな人には敬意を払ってくれて、いい席に通され、サービスもよくなること請け合いなのですから。

ニクい大人になりましょう

「今どきの若い者の格好は」と言う前に、そこは「ＴＰＯを心得たニクい大人」になってしまおうではありませんか。休日に近所のレストランに行くにも、男性ならポロシャツにチノパンでもジャケットを羽織って、ちょっとポケットチーフでも差せば上等だし、女性はプリントのブラウスやニットのワンピースにちょっとアクセサリーやストールなどをプラスして。決して気負う必要はなく「その場を楽しんでいる」感じが出ればいいのです。

若い人が大人やシニアのそんなカップルを見かけたら、漠然とでも「あ、あんな大人になりたいかも」って思ってくれたりするのでは。それができる十分な経験もノウハウもあるはずなのですから、気持ちを入れ替えてやってみましょう。

今さら面倒くさい？　難しい？　でも、おしゃれをすることは老化防止やボケ防止として脳にもいいと言われているんですよ。「今さら！」やりましょう。今さら夫婦で〝おしゃれごっこ〟もいいのではないでしょうか。

うちの娘（一緒に暮らしてきた姪）は、高校生の頃は特におしゃれに興味があるほうではなかったけれど、ある日レストランで家族の食事をするときに、現地集合だったことがありました。そのとき小ぎれいなブラウスを着てきたので「あら！」と思ったら、「レストランだからこういう格好がいいでしょ」と言ったのがとてもうれしかったです。特にそういうことを教えた覚えはないけれど、私が出かけるときにあれこれしているのを見ていたのでしょうか。やはり若者は大人を見ているのだと。彼女はもう30歳ですが、普通におしゃれになりうれしいです。

とにかく自分を場《シーン》の一部と考えることは大切です。私の場合、「男性の多そうなパーティや集まりには黒やダークな色は着ない」、それは目立ちたいのではなく〝景色〟として。その場が暗い色ばかりになってしまっては、うっとおしいではありませんか。残念なことにファッション業界のパーティでも黒が多いので、私は黒は着ないようにしています。

ジャケットも最近はおカタく思えて、マジメな打ち合わせや会議のときも、気取らない程度のソフトなイメージの服で、ニットでもアクセサリーをつけるとか、ワンピースにするとか、明るい色を選ぶとか、きちんと感を意識すれば大丈夫です。

Q

私は私。高級レストランだっていつもの服で行くわ。

あなたが優雅なレストランの景色をブチ壊していることもあるかもですよ。

こういうこともありました。銀座の高級フレンチレストランにおしゃれな女友達と行くのに、私は着物にしました。ところがまわりを見渡すと奥さまがたの〝黒〟が多いことにびっくり！　上品なワンピースやスーツですが、特に演出もなくシンプルに着ているだけで、ファンシーなインテリアのなかでそこが〝お通夜〟のように見えてしまって気分が下がりましたっけ。「何を着て行くか」「どう見えているか」は自分だけの問題ではないのです。

90年代前半、とある仕事から石津謙介先生とお近づきになりよく遊んでいただきました。HALF MOONの展示会に見えたときの私のお宝写真。

Q 若い人との集まりには何を着たらいい？

まずよけいな対抗意識はもたないのが賢明です。

かといってあきらめもダメですが。ここで重要なアドバイス、行ったらさりげなく観察の鬼になることです。もちろん洋服だけでなくヘアやメイクの感じなども「何かどこかいただける（取り入れられる）ところはないだろうか」。これが〝大人のスタンス〟というもの。そうすればそういうところに出ていくこと自体が楽しくなるし、回を重ねるたびに少しずつ素敵になって、若い人たちにも褒められること請け合いです。

Q 同窓会。何を着たらいい？

「会」ではなく「場」を考えるのが先決です。結婚式、謝恩会、パーティなど、相談を受けますが、まず「会」よりも「場」（レストラン、料亭、ホテル、宴会場の大きい小さい、立食か着席ディナーかなどなど）からのほうが考えやすく、〝引き立ち度〟の効果も出やすいからです。あとは、「会」の内容（同年代、目上、若い、など）で、「自分の立ち位置」や「どう見えたいか」を考えればおのずから服の方向性が導き出せますよね。

今はネットで会場を見られるし、そこに自分の姿を投影して「想像力を働かせる」、ＴＰＯはそれがすべてです。

MINAKO'S STYLE

CHAPTER 9

アップデートは小物から。

もともと私は「服より小物！」が持論です。スカーフ、ストールなどのネックウエア、ネックレス、イヤリング、ブレスレットなどのアクセサリー、バッグや靴。そのあしらいで、同じ服でもまったく雰囲気が変わるのですから。

年代を問わず、日本人は小物使いが下手です。

パリジェンヌがなぜおしゃれかというと、基本的にいい意味でケチだからです。服を数多く持つなんてナンセンス、ひとつの服を小物使いや着方で印象を変える、そのことこそおしゃれの真髄だと思っているからなのですね。

日本人は服のほうに依存しているから、何かあるとすぐ服を買いに行く。パーティがある、同窓会があるというと、すぐ「どんな服を買ったらいい？」ってなります。まず、自分の持っている服を見直して、小物使いでコーディネートを変えてみたらそれで十分だったりするのに。もしないなら、エレガントなストールを1枚買ったら、そのほうがずっとセンスよく見えたりします。

ファッションアドバイスのセミナーでは、参加者をその場で、そのままの服で、着こなしだけを変えていくことをよくやります。インしていたシャツを出して、上からベルトをしたり、袖をまくって、ボタンをひとつ外してネックレスをプラスしたり。モノトーンの人にはストールで色を加えたり。その見え方の大きな違いには、本人はもちろん、会場で見ている人も本当にびっくりなので、最近はスマホでビフォー&アフターを撮っていただいたりもしています。

それを見てワンパターンでしか服を着ていないなんて「もったいない！」とわかってくだされぱと思います。なのでまず新しい服を買うよりも、持っているものを見直して、小物を合わせたり、着方を考えるのが先決。そして、効果的な小物を増やしていきましょう。高いものでなくてOK、ワゴンセールのものでもいいのです。明るくきれいな色柄のスカーフやちょっと大ぶりのネックレスなど、洋服を変えるのには決心がいるけど、小物からなら自分にとって新しく見える色や柄にも挑戦しやすいですね。

小物のポイントは「全体にとって効果があるもの」、ちまっと自己満足では効果がないので、これも必ず全身鏡で見てみることです。

合わせすぎないこともポイントです

ひと口に高級ブランドはいらない、ダメと言っているのではなく使いようです。大人は、いざというときについ「グレードをそろえてしまう」のもカッコよく見えない、おしゃれに見えない理由です。

たとえばお出かけ用のスーツにブランドバッグでは、そろえすぎ、そうではなくカジュアルな服になら〝カジュアルアップ〟で大人の装いらしくなりますね。パールのネックレスもお出かけスタイルのときではなく、さりげなく普段のニットにしているほうがおしゃれ度を感じますし。

要するに〝ミックステイスト〟、「合わないものを合わせる」ことが今っぽいセンスなのですから、選んでいるときに、今までの自分としては「合わないと思うから、やってみよう！」というのがわかりやすいかもしれませんね。

では、実際に小物の選び方をアドバイスしましょう。

【アクセサリー】

3メートル離れるとわからないものは、つけていないのと同じです。ちゃんと全体のアクセントになるよう、程よいボリューム感や存在感のあるものを選びます。

ネックレス

私自身が〝着やせ〟して見えるといわれるのは、いつもロングネックレスをしていることも大きなポイントです。上半身に〝たて長ライン〟が2本入るのですから、これが短いネックレスだとその効果がないことが、3メートル離れて見るとよくわかることでしょう。

つけ慣れない人は、細めのものや重ねづけからでもいいので、長さ70〜90センチメートルくらい、ペンダントやY字型のもので〝着やせ〟効果を確めてみてください。

リングやブレスレット

団塊世代としては、〝繊細〟なデザインは不利です。なぜかというと、その繊細さが逆に手や腕の加齢現象を目立たせてしまうからです。

なので、大ぶりなものやゴツめのデザインがいいアクセントになってくれます。

大ぶりといっても、きれいな色のプラスチックなども元気でちゃめっ気があっていいですね。そういう遊び心もおしゃれ感に通じますし。

アンティーク好きはご用心。自分がアンティークなのだから古色蒼然《そうぜん》、合いすぎかもしれませんから。

ブローチやコサージュ

けっこうブローチ、好きな人もいますが、自己満足的にちんまりつけるのでは趣味的でおしゃれ感はありません。

いちばん気にしてほしいのはつける位置で「鎖骨の高さ」にです。要するに上半身のいちばん上になるので〝ハイポイント〟のアクセントにすれば、背が高くすっきりと見えます。

コサージュも、ある程度大きいほうが小顔効果や顔まわりの華やかなアクセントになるので、街で見かけた安いものでも私は気軽によく利用します。

【ストール、スカーフ】

服に変化をつけられる小物としては、No.1です。その上、体温調節もできてとても実用的なのですから大いに利用したいアイテムです。

巻き方うんぬんというよりも、全体で見たバランスや、色のアクセントの面積として分量を調節すればよいのです。また、加齢とともに気になる首元のカバーにも。ハイネックで覆ってしまうよりもおしゃれ感があります。

布自体のボリューム感やドレープのきれいさを出すためには、ストールのひとつの角を持って垂らしバイアス状にして、体の上にのせるとそれだけで立体感が出るのでさまになります。くれぐれもきちんとたたんだままではなく布の流れを意識しましょう。

私は季節を問わず、スカーフ、ストールともいろいろな色の無地を利用することが多いです。選ぶときについ柄の好き嫌いだけで買ってしまうと、いざ服に合わせたら合わなくて使えなかった、ということもありがちなので、3メートル離れて見て選ぶことを忘れずに。

【靴】
ヒール

私は基本的にいつでもヒールのある靴（8センチメートル前後）を履いています。でもあまりフェミニンなタイプではなく、比較的太いヒールで少し上げ底になった、実質は5センチほどの履きやすいものを選んでいます。

ヒールにこだわる理由は、自分のバランスの補足のため。でもいつもヒールのおかげで、運動神経はないのに体重計に出てくる体幹年齢は53歳⁉　歩き方にも気をつけるのであまり転んだりしませんし、最近はこれもエクササイズのひとつと思っています。

じゃあまたヒールを履こうかしら、っていくらイタリア製でも昔の靴はやめたほうがいいです。加齢現象で足のサイズは変わらなくても足の形が変わって合わなくなっていることが多いですから。

今は靴のタイプもいろいろあるし、構造も進化してラクに履けるヒール靴もけっこうあるもの。サイズは足にぴったりよりも、0・5〜1サイズ大きめのものを中敷きで調節して履くとラクです。

スニーカーやウオーキングシューズ

しゃれたデザインもあるようですが、大人はくれぐれも「カジュアルになりすぎないコーディネート」でお願いしたいものです。

ジーンズやパンツでカジュアルな格好にでは〝オジサン化〟になりがちですから、スカートやワンピースにカラータイツでとか、シックなツイードのコートにとか、そう前述の「合わないものを合わせる」ようにしましょう。

靴の色も、ベージュやアイボリーなど明るめの色が足元をすっきりと見せます。旅行のときなども、夜の食事にはＴＰＯでパンプスに履き替えたいものですね。

【バッグ】

バランスで言えば、「小さいバッグは体を大きく見せる」コントラストになるので、これも全身鏡を見て決めたいものです。大きいバッグを持ったときと比べると一目瞭然で、バッグでも〝着やせ〟ができます。小さめのパンパンにふくらんだバッグはカッコよくないですし、それを引っかき回して〝さがし物〟をしている姿もオバサンくさいものです。

ゆったり大きめのトートタイプのバッグなら肩に下げられ、大きい面積が〝ハイポイント〟になってバランスもよく見えるので、さらにインナーポーチも使ってすっきりカッコよく持ちましょう。

リュックやウエストポーチですか？　山登りのときだけにしたいものですね。

【メガネ】

メガネは顔の見え方にとても影響があります。

シニアの必需品なのに、選び方が前向きでない人が多いです。私は若い頃から〝メガネ好き〟の上、目を使う仕事なので普段から遠近乱視用メガネを利用しています。

巻頭ページにあるように、だんだんフレームは強め・太めにしています。なぜならそのほうが弱くなる顔ヂカラにアクセントをつけ、目のまわりの疲れやシワやくまをカバーしてくれるからなのですね。アクセサリーのときと同じ、繊細なおとなしいメタルフレームなどは、そういう顔のカバー効果がないのでかえって老け顔に見せてしまいます。

老眼鏡をイヤがってメガネをかけずに目を細めたり、眉間にシワを寄せたりするほうがよっぽど年寄りくさいので、メガネをおしゃれに引き寄せてしまいましょう。カラーフレームも顔を明るく見せる効果があり、今は手頃な価格で手に入るので、前向きに楽しんで、いくつか持って面白い顔やとぼけた顔になって楽しむのもいいのでは？

【帽子】

髪の加齢現象とも相まって、必要性を感じてくる人も多いことでしょう。病後などの事情はあっても、あくまでもおしゃれに見えたいもの。というか、帽子を素敵にかぶっているとそれだけでおしゃれな雰囲気になりますから、これも前向きに選びたいアイテムです。

帽子はあまり年齢に関係がないので、若い人のショップへ行って選ぶのもいいかと思います。不用意に選ぶと、黒っぽい帽子は髪と一体化して頭が大きく見えたり、ツバの小さいものは顔を大きく見せたり（ちなみに小さいツバの地味色帽子は〝オバチャン帽〟と呼ばれています）するので注意です。

薄い色や明るい色の帽子は顔を明るくきれいに見せたり（レフ板効果）、大きめのツバは顔をスッキリと小さく見せます。ある程度、攻めの気分で選ぶことがポイントになります。

このように小物は実用的な側面もあるし、洋服ほどリスクなく楽しめ、また効果的なもの

Before

▼

After

シンプルなニットをシンプルに着ただけと、ネックレスや華やかなストールでアクセントをつけたもの。これならパーティにも行けますね。

なのですから、ちょっと思い切っていつもの自分と違うものを選んでみる心がけも大切です。

Q

アクセサリーをつけるのに抵抗がありますが。

アクセサリーは「すぐに外せる」ものだから試しやすいと考えてはいかがでしょう。この章で述べたように、まずは着やせ効果としてもメリットのあるロングネックレスを一本買って（1000円のものでも十分！）、あり・なしのビフォー&アフター写真で見比べてみるとか、試しに出かけてみて街中の鏡で見てみたりすれば「あ、あったほうがいいのね、おしゃれに見えるのね」ということがわかるはず。

アクセサリーは「習うより慣れろ」なのです。

Q

黒のシンプル靴なら服を選ばないからいいですよね？

そうとは限りません。実はこれは男性服での常識。

男性のスーツの場合、ダークな色が多いので黒の靴だとズボンと「つながって」脚を長く見せますよね。女性はスカートの場合、脚の肌色とつながるベージュやモカなどのヌードカラーで「つなげた」ほうが脚をすっきりと見せますから。パンツのときでも〝オジサン化〟しないためにも軽い色の靴を履きたいですね。これが不思議と足元を軽く見せてスタイルアップしてくれますから、黒の呪縛から逃れてください。

MINAKO'S STYLE

CHAPTER 10

クロゼットもデトックス。着ない服は老廃物!

CHAPTER
10

いつか着るからの「いつか」は来ない

はっきりいって、いつ倒れてもおかしくない年齢になってきました。

もしも、突然倒れたり、病気になったりしたら？　そんなとき、最低限他人に見られても恥ずかしくないクロゼットにしておきたいものです。生前整理の覚悟で、あらためて服を見てみましょう。

服の量とおしゃれ度は比例しません。特に、ため込んでいるだけ、持っているだけの「着ない服」は、いわばクロゼットの老廃物。その老廃物をすっきり排出する＝デトックスすればおしゃれの効率は上がります。体内のデトックスについてはよくいわれていますが、クロゼットにもデトックスが必要です。老廃物が多いとただ「服はいっぱい持っているから」と、新しいものに手を出しにくくし、おしゃれという循環を澱ませてしまうからです。

たくさん持っているのに着る服がない、着たい服がない、という人はまずクロゼットの見直しから。いつか着るかもと取っておくのは、スペースも服もムダ。

処分する、見切りをつけるポイントを挙げていきますので、心して読んでくださいね。

人間が古くなったら、古ぼけた服は着ない

デトックスといっても、単純に「古い服は全部捨てろ」とは言いません。よく「○年着ない服は捨てる」、という人もいますが、それよりも「その服を着たときに今の自分をよく見せてくれるかどうか」が私の基準です。

頑張って買った服なのに、いつのまにか流行遅れになっていたり、大事にしすぎてしまい込んで忘れていたり、高かったというだけで取っておいたり、やせたら着られるとか、いつかまた流行するかもしれないしとか……。処分できない理由はさまざまですが、とにかく今の自分を引き立ててくれなかったら、着て素敵に見えなかったら「もったいないのは服でなくあなた！」ということを肝に命じてください。

デトックスして、「着られる」ではなく「着る」「着たい」服しかない、すっきりしたクロゼットは、考えただけで爽快な気分になりませんか？　こんなで大丈夫？　と不安を感じても「とりあえずあるだけでやってみる！」と頭を働かせるのがおしゃれの自主トレになり、脳にもいい影響を与えるのですから前向きに取り組むべきです。

けっこう減らした服だけでやっていけたり、もし買い足すにも何が足りないかわかるようになるので「なんとなく買い」も避けられてムダな服を買わなくなります。もちろん前章で述べた小物を増やして、着方のバリエーションを変えることにもトライですね。

昔のように服を買うことが一大決心の値段でもなく、いつでも手に入れられるのだと思って、「持っていなくちゃ」の不安から解放されましょう。

手持ちの服を試着してチェック

では、実際どうやってクロゼットの老廃物を見極める？

デトックスするには、手持ちの服をちゃんと試着して、「いる」「いらない」を判断します。ちゃんとというのは、お店で新しい服を買うときのように、ヘアメイクを整え、靴も履いて、着て鏡の前でシビアにチェックすることなのです。シーズンごとの入れ替え時でもいいし、服の山のワンコーナーからでもいいし、これを真剣に行うことで、結構判断がつくものですよ。わからない場合は、写メなどして人に見てもらってもいいですね。

これから先の人生を少しでも心地よく過ごすためにも「もうこの先、自分を素敵に見せてくれる服しか着ない！」、そのくらいの気合いで臨みましょう。

着る・着ない、5つのチェックポイント

サイズ

今っぽいおしゃれに見えるためには〝サイズ感〟がいちばん大事と6章で書きました。その〝ちょいユル〟は体形をあらわにしたくない私たち世代にとってとてもありがたいことなので大いに取り入れたいものです。

なので、ぽっこりおなかを目立たせるぴったりめのニットや、貧相に見えてしまうブカブカの服など「着られるけど、決して素敵には見せてはくれない」服とはさようならです。

直す？　直し代にお金をかけるより新しい服を買ったほうが結果的におしゃれの効率がよく、経済的という場合のほうが多いものです。

色

5章の「好きな色・嫌いな色」のところでも触れましたが、だんだん顔映りのいい色も変わってきます。私にはこの色、と思い込みで決めつけていると、変化に気づかず、あなたの印象を冴《さ》えなく見せていたりもします。極端に言えば、去年は似合った色が

今年は似合わないことだってあり得ます。

私は自分の着る服は「色」をいちばん重視しているので、シーズンごとの手持ちの服はそれをよくチェックするようにしています。ストールのあしらいなどでカバーできる場合もありますが、そうでない場合は心を鬼にしてガレージセール（方法は98ページに）にまわします。

☑ デザイン

「シンプルな定番服は、飽きが来ないし流行に関係ないのでいつまでも着られる」が大間違いなのは、この5つのチェックに全部あてはまることからわかります。定番服ほど油断できないので、常にサイズ感や色など〝今っぽい〟か、「色が自分をくすませていない」かなど、シビアにチェックをしていないとおしゃれ感からは程遠くなります。

ニットやシャツ類もですが、テーラードジャケットなども、少し前のものだと肩パッドが厚めだったりして〝古くささ〟が漂うのにも注意ですね。

☑ 劣化

服は着ることや洗濯することで劣化していき、色あせやヨレ感、くたびれ感が出てきます。あまり着なくて大切にしまっておいても、なんとなく古ぼけてしまうことも否めないのです。

7章のカジュアルのところでも書いたように、自分自身が経年変化していることに留意しましょう。若いときとは違います。そういった劣化、変形、変質しているものが清潔感のなさやみすぼらしさにつながってしまうことも往々にしてあるのです。

私は母の服を、彼女が60代のときからずっと選んでいました。けっこうさっぱりと〝辛口〟志向だった母が、きれいめな素材で花柄プリントなど好むようになったのです。理由は「自分にシワが多くなってくすんできたらシワのある服やくすんだ色は着たくないものよ」。なるほど名言と思いました。

また、劣化しているものを家の中や近所までならと着るのもおすすめしません。いちばん大事なはずの自分個人の生活をいいかげんな服で過ごすのはＱＯＬ（生活の質）としてもとても残念なことですから。もののない時代ではないのですから、安くてもいいから新しい服！　で、小ざっぱりと過ごしたいものです。

☑ **活用度**

めったに着ることはないけれど……な服だったらいさぎよく処分を。その代わりは手持ちの服をコーディネートで工夫して乗り切れる場合もあるものです。

冠婚葬祭時のような礼服も見直したいもののひとつ。たまにしか着ないと、サイズが合わなくなっていたり、気がつかないうちに経年劣化していたり、思いっきり〝今っぽくない！〟時差が出てたりもするので、定期的にチェックすることが大事です。
また、メンテナンスの面倒なものも、なかなか着るのがおっくうに。たとえば汗ジミなどが目立ちやすく要クリーニングのシルクのブラウスや、着るたびにシワでアイロンがけが必要になる麻素材など、メンテナンスが面倒な服は、もう持っていなくていいのでは？　私はデザインする服もですが、ポリエステル中心のイージーケアのものばかりです（ちなみにポリエステルや化繊が安っぽい、着心地が悪いというのも遅れた概念ですので！）。

以上の5項目は「服を買うとき」にもあてはまりますので、このことをしっかり頭に入れておけば、お買物の失敗も少なくなります。

処分の方法は？

もちろん「捨てる」のには抵抗がある人が多く私だってそうです。私の方法としては、

「気軽にあげられ、もらってくれる人」がいるといちばんいいのですが、意外と人間関係が面倒になることもあるので、

①家に友人を呼んで格安の「ガレージセール」、

②着てくれそうな女系「親戚関係」に送る

③ときどき「リサイクルショップ」（二束三文なので、捨てるよりはいい、また誰かが着てくれるからいい、の割り切りが必要）。

④ユニクロやZARAなどのショップでもリサイクル活動として受けてくれます。

⑤きれいめなものなら寄付（受付先はネットなどで探せます）。

ということで、この世代、山ほどお持ちの衣類を心して整理処分すれば、さわやかに生まれ変わった新しい自分が待っていますよ。

Q 若いときの服がそのまま着られて、みんな似合うと褒めてくれます。

まず、その体形型維持に関しては「褒めるに値する」とは思います。だから「昔の服をそのまま着られる体形」に関してはすごい！ことではあっても、果たしてそれがおしゃれで素敵に見えているかどうかは別問題です。それに誰もあまり本当のことなんて言わないものですし。私はFacebookでけっこう人間観察をしますが、「人はなんてお世辞を言うものなのだろう」とよく思います(笑)。もちろん本当のことを言ったら角が立つ場合も多いから、平

和な人間関係のためには必ずしも悪いことではありませんが、あまり真に受けないことですね。

とにかくおしゃれでいたいなら、大事なのは「自分の姿を客観的に見る目」をもつことなのですから。

Q

決して着られないのだけれど、どうしても捨てられない服、どうしていますか？

捨てられない理由によりますね。〝思い出〟だったら、①「写真」できれいに撮っておいて処分、または②クロゼットに置かず、きれいに箱につめて「物」としてしまう、③その生地や刺繍などの部分が好きなら、クッションなどに「リメイク」する、そんなところでしょうか。早い話、「洋服」でなくなればいいのでは。

私は、ものづくりの立場からは〝死蔵〟がいちばんもったいないと思うので、欲しそうな人を見つけてあげちゃいますね。

MINAKO'S STYLE

CHAPTER 11

過去引きずりNo.1がヘアとメイク。

2章で書いたように〝自分見直し〟の最重要項目は、実は服ではなくてヘアとメイクなのです。なぜならそこにいちばん時代感が残留しがちでそれが〝ファッション時差〟を感じさせるからです。

私がいつも「服より髪！」「服よりメイク！」と言い続けているのは、いくら流行の服で頑張っても、ヘアとメイクが今風でなかったら絶対おしゃれには見えないからです。逆にヘアとメイクがなんとなく今風だったら、服は少しくらいいいかげんでも大丈夫！と、服のデザイナーの私が言うのですから本当です。

一般的に見て、時を経るとヘアメイクは固定してしまいがちです。その原因は、おおかた「自分が若くてきれいだった頃」のヘアスタイルとメイクパターンから離れられないことからだと思います。

私は電車や地下鉄の中で人をウオッチングするのが好きなのですが（最近はみんなスマホを見ているのでしっかり観察できます）、中年以上の女性を見ていると、やはり若い頃のヘアメイクをそのままではないにしろ片鱗を引きずっていて中途半端な人が多く残念です。時の流れで微調整はしていても、見ただけでその人のファッションの履歴（or歴史）がわかってしまうということは、ちゃんとその時代性が残っているということになります。

ヘアは歴史を引きずらず、潔くチェンジ！

それが似合って素敵に見えたのはいつのこと？　時代や流行も変わり、自分の髪のコンディションも変化しています。そのままの〝仕様〟を持ち越すことのほうに無理があるはず。「最近、何を着ても似合わない」「似合う服が見つからない」という相談には、「ヘアスタイルを変えてみませんか？」と言うことがあります。

たとえば、①長すぎるワンレングスなど明らかに今っぽくないヘア、②ヘアスタイルと髪質が合っておらず無理を感じる、③長い間変えていないと思われるマンネリヘア、④キメのない無難なヘア、など「今っぽくないヘアだから」、今どきのおしゃれな服がしっくりこないということにもなるのです。

私のアドバイスで、ショートカットや明るいヘアカラーにして、実際いきなりおしゃれになった友人もいますよ。そう、ヘアは思い切って潔くチェンジを‼　髪はまた伸びるし、そのほうが効果的なことが多いです。

ヘアとメイクは大人にとって「清潔感」と「健康感」の演出と心がけるべし

巻頭の私の写真で示したように、ヘアとメイクは「おしゃれ」のためというよりも、大人世代にとってそれ以上に大切だと思える、「清潔感」と「健康感」を大きく左右するものです。といえばもっと前向きに取り組んでいただけるでしょうか。

若いときには当たり前のように持ち合わせていた、さわやかな「清潔感」と、元気いっぱいの「健康感」が、加齢現象でだんだん失われてしまいます。

でもそこで自然現象とあっさり放置したくないのは、フネさんの時代とはライフサイクルが明らかに違うからです。寿命が短ければ「もういいや」もありですが、まだまだこれから20～30年は生き続けてしまうとしたら、「清潔感」と「健康感」はあったほうがいいに決まっています。そして人に快・不快を与えるものでもあるので、普通に生活する以上は、ヘアメイクも嗜《たしな》みや礼儀としてとらえてもいいかと思います。

かえって昔の女の人（私の母世代以上）のほうが「お化粧もしないで外に出るのは恥ずかしいこと」というような感覚をきちんと持ち合わせていたような気がします。

一般的に大体、年を取ると「お化粧する派」と「お化粧しない（またはしているようには見えない）派」に分かれてしまう感じです。

「お化粧する派」は、ちゃんとメイクすること自体はいいのですが、前述の自分がイケてた頃の〝仕様〟を引きずっている感じの人が多いよう。コテコテのベースや、ダークめチークの斜め入れ、また、暗めのローズ系の口紅などの20～30年前の時代感もですが、くすんだ大人の顔色を険しく顔色も悪く見せてしまいます。当然ヘアも同傾向で、重く見えるカットや、裾が刈り上がっているショートヘア、スタイリング剤で固めすぎたり、などなどいずれもナチュラル感のない前世紀の遺物っぽい感じがします。

「お化粧しない派」は、もういいやと手抜きの不精なタイプから、しているのにその効果が見えないタイプ、もうしない！の意思を持ったタイプまでさまざまですね。

でも私が言いたいのは「顔色が悪く不健康に見えるけど、それでいいの？」です。あとでポイントメイクの重要性を書きますが、ほんの少し頬に色を差したり、眉を書き足すだけでもシャキっと引き締まって〝元気な顔〟になるのに、と。

いずれのタイプも〝自分見直し〟が必要ですが、はっきり言って顔ほど思い入れや思い込みが強いことは、服の比ではありません。なので、この章は外堀から埋めていくようにじっくり長いです。じわじわといきます。

メイクで〝元気〟に見えたい。なりたい！　なれる！

私が若い頃からメイクに熱心なのは、肌や唇に赤みがなく、その上愛嬌もなかったので（苦笑）、〝顔色の悪い不健康・不機嫌な人〟に見えるのがイヤだったからでした。また責任ある立場でもあったので〝明るく元気に見えたい〟ためにせっせとメイク、もっともその時代はけっこう、濃ゆいメイクが流行ではありました。

今でも理由は同じです。当然顔色はくすみ、シミ・シワ・たるみもあってメイクなしではなかなかしょぼいです(笑)。でもその〝情けない疲れた不健康っぽい顔〟をメイクで「年は取っても元気な顔」にもっていきたい。仕事先や友人に「体調大丈夫?」とよけいな気を使わせたくはないですし、体調が悪い日に仕事で出かけなくてはならなくても、メイクしているうちにだんだん整ってくる感じを覚えることがあります。そして仕上げに「大丈夫っ!」と鏡に向かって無理やりにでもニッコリ。メイクは自分を〝アゲて〟くれる大事な要素だと思います。

なので私は、もっと年を取ってもメイクはし続けたいです。だって〝カワイイ元気なおばあちゃん〟に見えたい、なりたいですから。

〝古さ〟に出る差とは?

たとえば、古い家でも手をかけていれば〝アンティークで素敵な家〟だけれど、手入れしなければ〝あばら家《や》〟かもです。普段から構うこと・手をかけることによって磨きがかかり、味が出てきれいに見える、この〝構っている感〟がいちばん出るのがヘアとメイクなのですよね。結果、表現としては「こざっぱり」「小ぎれい」となり、大人にとってはとても好ましく望みたいことではないでしょうか。

日本人は肌のお手入れに関してはとても気を使っているイメージがありますが、ことメイクに関しては、特に大人は残念なことが多いです。せっかく磨いている肌を活かせていない、おしゃれは自己満足では成り立たないのは、服もアクセサリーも何でも同じで、活かさなくては意味がありません。では、ここからヘアとメイクのとても具体的な方法を提案していきます。

【ヘア編】ヘアは顔のガクブチ。顔を引き立たせてくれるもの

髪の加齢現象、毛量が減り、細くなってコシがなくなり、変なクセが出たり、当然白髪も増えるなど、嘆いても仕方ないので気持ちを切り替えて、自分の今のコンディションに合うヘアスタイルを、そして顔とのバランスも考えたいものです。

「ヘアは顔のガクブチ」なので、顔の見え方も大きく左右します。

黒々と染めた髪は強すぎて顔を険しく見せているかもしれないし、弱々しくなった長めの髪はあまり清潔感がないかもしれません。また横からや後ろや頭頂部など自分では見えない〝死角〟も、合わせ鏡など使って見て冷静でシビアな観察が必要です。

雰囲気で言えば、このところの大まかなファッションの流れは、たとえカジュアルでも〝きれいめ〟〝抜け感〟〝やさしい〟〝軽い感じ〟などがキーワードなので、軽やかで動きのある服に重いヘア、固まったヘアでは合いませんよね。

女性にとって髪は顔と同様、服よりも変えるのが難しいと思えることがよくあります。しかしこれを変えないと〝今風おしゃれ〟はまず無理と断言できるので、ここからの項目を心して読んで研究してください。

ディテールにも要注意！

メイクではないけれど、手は所作のもとでもあるので、意外と人から目につくパーツです。手のシミやシワも勲章で、なかなか味があるとは思いますが、〝お手入れ感〟がないと、とても寂しい印象で生活感が出てしまうもの。縦ジワが目立ちがちな爪も、最低限の手入れだけはしないと健康感、清潔感のないイメージに。

マニュキアはプロと自分でやるのとの出来映えの差は歴然です。最近はネイルサロンも多いので、たまにはリラクゼーションを兼ねて利用するのもいいと思います。私は短爪で、色も塗りませんが、それだからこそプロに手入れしてもらうと仕上がりが全然違い、気分もアガります。

ペディキュアは裸足をきれいに見せてくれます。足こそ荒れがちなところなので、不用意に裸足になることがあったときなどにかかとのガサガサも含め、恥ずかしい思いをするのはイヤですね。

そして拡大鏡も持っていたいもの。老眼になってくると細かいものを見過ごしがちです（たとえ見えて落胆しても、それが事実だし、他人には見られているのですから）。眉の長い毛や、不用意に生える〝毛〟（年取るとどうしてそういうものが出てくるのか）にも注意です。同年代の知人女性に会ったとき、なんと顎の下に数本のヒゲが！　でもなかなか言いづらくそのままになってしまいましたが。
全身鏡から化粧鏡、拡大鏡まで、鏡と仲良くしましょう！　そんなつらいこと「見るのイヤ！　知りたくない」と言うのは、自分を〝放置〟すること。オーバーに言えば〝おしゃれの自己放棄〟になってしまいますよ。

Dark Long Hair

▼

Blond Short Hair

自分のコラムのために昨年撮影。黒のロングヘアのウィッグをつけただけでこの別人さかげん。人格、性格まで全然違う人に見え選ぶ服も全然違いそう！

●ヘアスタイル選びも観察から

「どんなヘアスタイルにしていいかわからない」。これも〝観察〟からです。街でもテレビでも、年代を含め自分に似たタイプの人を探し、いいも悪いも含めてデータ収集すれば、なんとなく方向性が見えてきます。いきなり「こういうヘアスタイルにしたい」というよりも、自分のコンディションに合ったヘアスタイルを探すほうが現実的ですし。

●ヘアスタイルは自在に変える方向で

髪は失敗してもまた伸びるし色を試してもまた戻せます。「自分にはこれしか似合わない」と決めつけるのは損で、間違っていることもあるのは私もで、ずっとバング（オカッパの前髪）が似合わないと思っていました。

でも風邪でやせてしまったときに、顔が長く見えるのが気になり、カリスマ美容師Mさんに相談したら「それなら前髪をつくってみれば？」と。ちょっとずつ試してみたら意外と大丈夫だったのでびっくり、今でもその前髪は続いています。

きっと若い頃だったら、強い目ヂカラが強調されてイヤだったと思うのですが、今はちょっと顔もたるんで目ヂカラも弱くなってきたので「大丈夫に？」というふうに変わるものなのですね。

なのでヘアは部分的にでも潔く思い切って変えてみると、予想外の自分を発見できたりします。ヘアを変えるというより「自分をリフレッシュする！」という前向きな気分で臨むのがよいです。

●美容院も変える方向で

同じ美容院に長年通っているとヘアもマンネリになりやすいものです。親しく、気心が知れていても、それとこれとは別！　自分の見かけを決定する重要なポイントなのですから、周りの素敵なヘアスタイルをしている人に紹介してもらったり、今は美容院が多くて競合状態なので若い美容師さんもとてもみんな頑張っているので試す価値はあると思います。よさそうなお店があったら、まずちょっと相談だけしてみて、対応をみてよければ試してみる、いきなりOKとは限らないのはお医者さま探しと一緒です。

●ヘアカラーも一考の余地あり

顔の〝ガクブチ〟でもある髪の色はとても大事、基本は「自分の顔がどう見えたいか」で、私の場合、明るめの色なのは「顔はソフトな感じに、大きな頭は軽く見せたい」から。それと服の似合う色のバリエーションが多くなるからです。海外で服を買うとき、店員さんに相談すると肌の色でなく「あなたの髪にはその色のほうが似合う」と言われることが多いです。髪の色ひとつで服や色の似合い方も違ってきますから重要な〝一考〟なのですね。

薄毛で地肌の気になる人や白髪の多い人も、明るめのヘアカラーのほうが肌との差や伸びてきたときにわかりにくいので、はじめは部分的にメッシュを入れるとか、ヘアマニュキアで色をかけてみるとか、少しずつトライして変化を楽しんでみることをおすすめします。

●メンテナンス

髪は〝無精《ぶしょう》さかげん〟が即、出ます。また、昔から「髪振り乱して」というようにその人をそんな状態に見せてしまいます。おくれ毛にしても若いときにはきれいに見えても、大人は疲れて見えるだけ、ボサボサも清潔感がありません。また髪の艶感がなくなると顔の肌の色までくすんで見えるのでメンテナンスも必要です。

私の髪はブリーチとカラーリングのため艶がないので、ドライヤー後にココナツオイルを薄く擦り込んで艶を出します。そしてヘアアイロンでクセを直し、ヘアワックスで整え、スタイリング剤で仕上げ、白髪が伸びたらそれ用カラースプレーでゴマかしたりと、ちゃんと手をかけていますよ。何しろ「服より髪！」なので手は抜けません。

●ウィッグ

久々に会った知人が、色合いもカットも素敵なヘアだったので褒めたら、「これウィッグなのよ」と明るく言っていましたが、乳がんだったそう。見かけの素敵さもですが、何ごとも前向きにとらえることも素晴らしいと思いました。

ウィッグは、必ずしも〝本物の代わり〟ということではなくても、かえってウィッグなら、では のフェークな感覚で〝帽子代わり〟に楽しむのもいいのではないかと思います。アマゾンなどでも安価なものがけっこうあるので、私はパーティのときなど、まったく違うヘアにしてみたり、ちょっとした〝変身〟気分を楽しみます。

もし入院したら？　美容院に行けなくなったら？　と、この年になるといろいろ考えますが、そのためにもウィッグを用意しておきたいと思ったり。また、病室にも合うような軽い布製の〝かぶりもの〟はどういう感じがいいかな？とか、おしゃれ心はどういう場合においても、の私です。

●ヘアアクセサリー

カチューシャも顔をすっきりと見せてくれますし、ヘアバンドやターバンなど、ストレッチ素材でおしゃれなものをうまく使うと気になる生え際を隠せたり、しゃれっ気もあるのでこれからトライしたいもののひとつ。もしもヘアケアが面倒くさくなったときにも、とか(笑)。

【メイク編】七難隠すはポイントメイク

もうここへきて、加齢現象を嘆くのはやめましょう。

現状をベターにするしかないのですから、昔とった杵柄《きねづか》を掘り起こして(誰でも一生懸命メイクに取り組んでいた頃があるでしょう?)、したたかに再度取り組むのです。

加齢現象はなくならなくても、目立たせないことはできます。はい、それにはポイントメイクです。

考えてみると、年を取ると顔のパーツの印象がだんだん弱くなり〝顔ヂカラ〟がなくなる感じが〝老けた〟印象となるわけですよね。

これを、眉、目、頬、唇をちょっとはっ、き、り、させるだけで〝顔ヂカラ〟が復活します、本当です。現に私はそれをうまく活用しています。

その上ポイントメイクのメリットは、肌の衰え、シワ・シミ・たるみを目立たせなくする一種の目くらまし効果です。先に目に入ったものを全体の印象にするのは、私の〝着やせマジック〟の理論と一緒なのですね。逆に肌を手入れしてきれいに磨きたてるのも限界があり、ますます細部が気になるだけです。
今さらメイク?をするのは抵抗があるかもしれませんが、実に効果的なのでぜひチャレンジを。メイクは失敗しても洗えば落とせますし。最初はうまくできなくても練習すれば上手になるのは、初めから絵がうまく描ける人はいないのと同じことですから。また〝見慣れない顔〟になるからとやめないでください。これも写真で撮ったり、人に見せたりして客観的に見るようにします。

今、化粧品もとても進化していて、低価格コスメはあなどれない品質と性能で私もよく利用しています。久々にメイクをするなら、まずドラッグストアへ行ってみましょう。そこにあるたくさんのコスメの能書きをじっくり見て、興味のあるものは試して（店員に寄ってこられず、自由に試せるのがドラッグストアのいいところ！）、よさそうなら買ってみる（買いやすいお値段！）。

smart pink立ち上げて53歳の頃。まだ〝顔ヂカラ〟がありメイクが薄い感じ？ 16年後の今は巻頭ページのようにもっとポイントメイクがしっかり。

これが高級ブランドだとなかなかリスキーだし、おっくうにもなるので、今はこれでも十分ないい時代です。さあ、メイクレッスン開始です。

●肌とベース

厚塗り厳禁、顔色変更禁止！（笑）。肌はあっさりと自分の肌色を少しだけ明るく見せるような色を選び、カバー力のあるパウダーファンデーションを軽くのせるだけでＯＫ、塗りすぎや艶感のあるものはシワや毛穴を目立たせます。シミやくまはコンシーラーで部分的にカバーし、テカリはパウダーで抑えればきれいです。

私のメイク用品はほぼドラッグストアコスメですが、きめが粗い肌質なのでパウダーファンデだけは素材のいいマットなタイプを長年愛用しています。

●チーク

江戸時代の武士道の本『葉隠《はがくれ》』に、武士は相手に顔色を読まれないために頬紅をさしていたとあります。それほど顔色を左右するものなので、自分の肌に〝血色よく見える色〟を選び、笑った頬っぺの盛り上がり（丸くなるタコヤキの位置ですね）に入れるとカワイク元気に。これは簡単なので人にもよくやってあげますが、みんな急にいきいきと元気な顔になるのにはびっくりされますよ。

●眉

眉も薄くなったりマバラになったり。でも眉は顔の〝美人度〟と〝引き締まり〟にとても関係があります。美容院で眉カットや指導をしてくれるところもあるので、難しければ初めはプロの手を借りてでも練習していきましょう。

ちなみに私は70年代の眉ナシの流行のときに抜いてしまったため眉毛が半分しかなく(涙)、なのでベースにはアートメイクを入れていて、それだけだと不自然なのでパウダータイプのアイブローを足しています。最近はティント眉という塗るだけで色が少し定着するものもドラッグストアで売っていて、もちろん即試してみました。

●リップ

唇もだんだん薄くなるので、大きめに描くこと。なぜならそのほうが顔が小さく見えるからです。美人はおちょぼ口なんて昔の話、今の女のコたちが、いかに厚い唇になるか苦労してるのは、小顔効果のためでもあります。私もなるべく大きく見えるようにリップペンシルも使って苦労して描いています。

リップの色選びこそ、〝顔映り〟の基準です。とにかくどんな色であろうと「自分の顔色がよく、きれいに見える色」がすべてなのですから。顔色はどんどん変わるし、季節によっても見え方が違います、シーズンごとに見直す心がけで。

●アイメイク

アイメイクをやめてしまう人が多いこと。目ヂカラが弱くなるのですから、それを補うためには逆だと思いますが。「目は口ほどに」の表現力とコミュニケーション力の原点なのですから、なおざりにしてはいけません。といっても、柔らかいペンシルやパウダーで目元にうっすらラインを引くだけでも全然違います。

目のまわりにくすみも出てくるので、アイシャドウの濃いめの色は疲れて見えたり、ブルー系は浮いて見えるのでやめて、その代わりアイホール全体に白っぽいハイライトをぼかすと目元が明るくなって元気な表情になります。

私はマスカラが苦手になってきたので、つけまつ毛にしています。友人はまつ毛のエクステにしたり、目は自分よりも人から見て表情を感じるものなので、努力のかいはあるというものです。

さて以上のポイントメイク、ちゃんと結果が出る効率重視で、挙げてみましたので、大変と思わず、ぜひ再開いたしましょう。

MINAKO'S STYLE

CHAPTER 12

体にお金を、笑顔に磨きをかける！

CHAPTER

12

若さゆえ、の見え方もあるもの。体のパーツも〝見直し〟を

〝人類史上初めて、老いを拒否する世代〟。つまり、アンチエイジングという天にも逆らう大それたことを言いだしたのは、ほかならぬ私たちの世代。アメリカではベビーブーマーといわれる〝跳ねっ返り〟の人間たちなので、そのための方法やテクニックを自分たちのニーズとしてどんどん開発していき、現在もとどまるところを知りません。

もちろん病気やケガにその恩恵は大歓迎ですが、美容に関しても急激な変化・進化が続いています。そういう情報もインターネットなどでどんどん更新されていくので、知らないと損するようなことにもなります。

老いを拒否、ということではなくても、今までの人類になかった、前向きで〝新しいシニア像〟をつくりあげていきたいものです。

早い話、おしゃれといえど、もとは体、特に最近は老若男女関係なく、体と健康への関心が高まっています。最終章では体に対しての見直しをしましょう。

テレビ番組を見ていて、とある宝石コレクターの年配のマダムが、ゴージャスな指輪を見せてニッコリとほほ笑まれていましたが、私は「あらあら……」と思ってしまいました。それは、「そんなにお金があるのなら、歯を直したほうがいいのに」でした。

たとえば若い頃はチャームポイントだったかもしれない八重歯も、大人になったらただ「歯並びが悪い」だけ。その上、口腔衛生上も不利。口元を手で押さえて笑うという古きよき日本人女性の習慣もいまどきははやらないので、心置きなく口元を気にせず、ニッコリとしたいもの。そのためにも今から歯列矯正（年齢に関係ないそうですから）することがあってもいいと思うし、また矯正でなくても、今は審美歯科などでいろいろな方法もあります。

何せ笑顔は誰にとっても最高のチャームポイントなのと、歯は清潔感の大きなポイントでもあるので、多少の金額でも見合うと判断したいものです。

虫歯の治療歯が多かった私は、奥歯もセラミックで白くするのに大枚をはたきましたが、私にとって心おきなく大口開けて笑えることは、宝石（幸い興味なし）よりもよっぽど価値があることだからなのです。

いい笑顔も表情も、鍛えてつくる

2章は「自分見直し」で全身鏡の大事さでしたが、今度は自分の〝表情チェック〟です。私はテーブルやデスクの上にも化粧用のスタンドミラーを置いておき、ふと無意識に目を向けたときに「あ、口角下がってる！」とか「こんなつまらなさそうな顔して！」とか、自分自身を知るようにしています。

顔が下垂してだんだん表情が乏しくなってくるのは、顔の筋肉の衰えだそう。それならエクササイズで解消できるのは顔も同じで、最近は〝顔ヨガ〟もあるようだし、大きな口を開けて歌を唄う、本を音読するなど、日頃心がければ自分でもできることですね。表情豊かな〝ニッコリ口角上げ顔〟への努力を習慣化したいものです(と、自分に言っています)。

ニッコリ笑うことで脳内の幸せ物質エンドルフィンも分泌されるそうで、それはウソ笑いでも出るそうです。なので私は困ったときや怒りたいときに「笑っちゃお！」とヤケ笑いすることにしていますよ。

寝る前には自己流のストレッチをしますが、鏡を見ながら意味なくニッコリ笑いながらやっている様子は、人から見たら不気味でしょうけど、快い眠りにつくためにも、一日の終わりに意味なくニッコリは、よい習慣と信じています。

おしゃれも美容も、健康管理あってこそ！

最近テレビなどで健康・医学関係の番組が多いのは、年齢関係なく誰にとっても、「健康がいちばん！」の関心事ということですね。見ると参考になることも多く、たとえばいくら年を重ねても筋肉はつくそうですから、最近は高齢者の筋トレもすすめられています。

ちょっと体調が悪いと、急に老け顔になったり、服装もどうでもよくなっておしゃれする気力もなくなってしまう……、私にとってはそれがいちばん怖いことです。もちろん年々体力の衰えは感じているので、2、3年前から大の〝運動嫌い〟を返上するべく、ちょっとずつ運動に取り組んでいます。

近所の公営プールでの水中ウオーキングは1年半続き、その後は整体的要素（リポジショニング）のジムに通っています。同年齢で、やはり運動嫌いの友人も太極拳やヨガを始めたり。運動は、自分に合うものを見つけないと長続きしないので、また変わるかもしれないけれど、「いつまでもおしゃれでいるために」と、自分を変える努力をしています。えらい！

化粧品より気を使っているものは……

人によって違うと思いますが、私は高級化粧品やエステなどにほとんど重きをおいていません。私の肌質はよくないのですが〝丈夫〟でトラブルが少ないので、まあこれでいいかな、くらいの通販化粧品で問題ないのです。その代わりに、次のことに気をつけています。

●サプリメントは食事の一部

体の内側のほうが大事と思うので、栄養バランスのためにも私は数知れず……。基本的な栄養素や元気をくれるもの、むくみやすい体質なのでカリウムは必須だったり、自分の体と相談しつつ、アマゾンでのカスタマーレビューなどもチェックしながら購入しています。

●エステより整体

肩こりや首こりだと表情もサエないし、血液の循環が悪くなっているので、全身の巡り重視でエステより整体を選びます。即、血色が戻り顔が晴々とします。

●HRT（女性ホルモン補充療法）も一考

50歳で更年期のひどいホットフラッシュに見舞われ、HRT（投薬）を始めました。母が骨粗鬆症でとても苦しんでいたので自分なりに調べ、当時、日本では積極的姿勢がなかったHRTでしたが（今は評価され始めています）70代の母にも受けさせ、それなりの効果がありました。

お医者さまの判断で私はずっとHRTを継続し、60代半ばの数年前に一度やめたらホットフラッシュが戻ってしまい、困って再開したら症状はなくなりました。基本的に女性ホルモンは骨量や免疫力も上げ、女らしさも保ってくれます。病気でもなく体調不良の人は年齢に関係なくホルモンバランスを調べてみるといいと思います。

●プチ整形や整形美容

これは重要問題!!なので、次の別項にしますね。

プチ整形はいまやお手入れのひとつ

この章の初めに書いた、私たちの世代があと押しし促進させたことのひとつに〝美容整形〟があります。そして〝整形〟の概念も方法も技術も、昔とはまったく違うものになっています。昔は、造作を変えるための「プラスの整形」でしたが、今は「マイナスの整形」で、ほんのちょっと顔から疲れを消したりするための、注射での〝プチ整形〟といわれるものがメインです。ヒアルロン酸やボトックスなど数か月で吸収されていくもので、量が多すぎなければ自然で他人にはわかりません。

私は40代半ばの、ちょうど仕事真っ盛りのときに、両親の介護問題と弟の子連れ離婚で、気が休まる暇がないのが顔にも表れ〝疲れた顔〟を感じて、そう見える原因の〝目袋（目の下のたるみ）〟を取る手術をしました。それはただ顔の表面だけのことではなく、内面的にも自分を励ます意味でかなり助かったと思っています。

女性は顔のことで深い悩みを抱えていることも多く、解消すると性格まで変わることもあるので、私は自分の経緯がハッピーだったので、そういうこともオープンにしています。

興味のある人はまずカウンセリングだけに行って、様子をみることです。美容外科の医師がきちんと方法を説明してくれて、決して結論をせかされないこと。普通のお医者さま選びと同じですね。ちなみに医学技術の進歩は素晴らしく、前述の私の手術は、今は切開ではなく、何回かの注射だけで解消される方法になってきています。

ボトックス注射でおデコや眉間のシワが目立たなくなったり、ヒアルロン酸注射はほうれい線を薄くしてくれたり魔法のようですが、私は、時短・効率的な美容の方法としてときどき「自分をちょっと元気な顔にしたいとき」に行ったりしています。

もちろんメイクと同じで〝やりすぎ〟には注意です。ある程度の年齢でシワやたるみが全くないのは不自然ですから、ほうれい線や目尻のシワなら「半分くらい薄くしたい」とかの要望を伝えて、それを理解し施術してくれる技術のある医師を選びます。病気のときのインフォームドコンセントと同じ、理解力とそれに伴う技術のある医師を選びたいものです。

シミもレーザー照射で消すのが一般的になり、普通の皮膚科でできるところも増え、料金もこなれてきました（一部保険診療も利用できる場合もあります）。これも私は年に一回くらい皮膚科で行っていて、やはり部分的なシミがなくなると顔の清潔感が増します。

最近は男性もけっこう利用している方も多いようで、男性こそメイクで隠せないですから〝こざっぱり感〟はトライする価値がありますね。術後1週間貼りっぱなしの肌色絆創膏も、「あ、私レーザーやったから」と、最近はオープンなものです。

こんなことを書いていると「親にもらった体をうんぬん」という人もいますが、いちばん親に申し訳ないのは、自分の体を粗末にしたり、病気になること。私は「親にもらった体だからこそ、ありがたく活かす」という考えです。

年を取ったらもっとのんびりできると思っていたら、特に病気にならなくても医者や歯医者や定期検診・検査、美容院や整体やジムなどの予定を仕事の合間に入れると、なんだかいつも追いかけられているような、こんな慌ただしい状況になるとは想定外でした。でも、とにかく健康がいちばんです！

若さの秘訣は？

「横森さん、若いですよね！　どうしてなのですか？」と聞かれたりすると、「それは〝バカい〟からだと思います」と答えることも。〝若さ＝バカさ〟のオヤジギャグ的ですが「自分の年齢を忘れていて、何事にもその理由（年齢）では自分にストッパーをかけない」ということになるのでしょうか。

仕事でも、過去に傍《はた》から「この年齢で？」という決断を何回もしています。順風満帆だった「MELROSE」を辞めたのが35歳、次の「HALF MOON」を辞めたのは50歳、その次の「smart pink」は51歳のときにスタートし、辞めたのは62歳で、世間で言えば引退して当然ですが「したいことをやり残して死ぬのはイヤ！」とばかりに、現在のショップチャンネルでの「MINAKO★YOKOMORI」は63歳からのスタートでした。

と、書いても「そうだったんだ……」と自分で思うだけで、そのときに年齢のことなどはほとんど意識もしていなくて、「自分ができるか・できないか」、それしか考えずにいました。他人に無謀だといわれても自分で責任をとればいいのですから。

大体、もともと記憶力がいいほうではないので、本当に「年も忘れている」可能性もありますが。

年金暮らし、そんなに自分にお金をかけられないわ

何かを実現するのに、チャールズ・チャップリンの名言ではありませんが〝some money〟はいるかもしれないけれど、まずは自分の気持ちの方向性が一番だと思います。この本はそれを伝えたくて書いているので、お金が価値観の基準ではないことはおわかりいただけるかと。だってその逆、お金のある人がみんなおしゃれで若々しく素敵とは限らないでしょう？

プラス思考で毎日を送るには？

実は私、自分でもイヤになるほどのマイナス思考というか、悪いことから考えてしまう性格です。何に対しても必ず最悪の状態も想像できてしまうので、実際何か悪いことが起こっても「こう来たか……」と想定内のことで驚かないので、人からは〝動じない人〟だと思われてしまったり。ある意味〝マイナスの受け皿〟が、何事でもよりよく思えるということでしょうか。あまりよい答えになっていませんが、私自身はそういう〝低空飛行型〟の人間で

現在ショップチャンネルでのMINAKO★YOKOMORIブランドでは自分でモデルも。年齢と13号LLサイズの説得力（笑）が見る人に勇気を！

す。なので何かがプラスに転じたときに、すごくうれしいし、喜べる！　見かけとは違うとよくいわれます（笑）。

イヤなことがあったら？　「忘れる努力！」をします。映画を観る、好きな音楽を聴く、カラオケやジムへ行く、何でもいいので自分が気分転換できることを生活のなかに準備しておくことも大事ですね。くよくよ思い悩むことは時間のムダ！　と割り切って気分転換で乗り切りましょう。ちなみにカラオケはひとりで行きます。スタンドマイクを借りて歌って踊って思いきり全開!!　発散してスッキリです。

Q 横森さんはいつも楽しそうですね。どうしたら楽しく過ごせるの？

楽しさは人に与えられるものではなく、自分で探すものではないでしょうか。それが好きなアイドルでも、趣味でも、人づき合いでも、楽しさや好みの基準は人によって違うものなのですから。私は仕事が好きで幸せですが、実際は悩みながらやっているし、当たり前のようにトラブルやアクシデントなどもあって、全部が楽しめるというわけにはいきません。そんなときは気分転換！　趣味といえるものがない私ですが、やはりお買い物は好き。最近はネットショッピングで、仕事の合間や夜中でも見ることができるし、買わなくても「見る、探す」のが好きなので、ファッションに限らずキッチン用品や日常身のまわりのものも全部対象なので困ります。特に50歳過ぎて着はじめた着物ですが、リサイクル・リユース着物の楽しさにハマっているところ。でも時間泥棒と無駄遣いには要注意です（笑）。

横森美奈子

Minako Yokomori

1949年東京生まれ。ファッションデザイナー。桑沢デザイン研究所グラフィックデザイン科卒業後、(株)BIGI入社。DCブランド「MELROSE」(BIGI)、「HALF MOON」「BARBICHE」(メンズ・ビギ)のチーフデザイナーを歴任。2002年ミセスカジュアルブランド「smart pink」(ワールド)のブランドディレクター。2013年にショップチャンネルで「MINAKO★YOKOMORI」ブランドをスタート。ファッションアドバイザーとしても、講演やメディアなどで活躍中。

Photos　平野普子

Cooperation　サンケイリビング新聞社

老《ふ》けてる場合《ばあい》じゃないでしょ?

間違《まちが》いだらけの大人《シニア》のおしゃれ

2018年9月30日　第1刷発行

著　者　横森美奈子《よこもりみなこ》

発行者　手島裕明

発行所　株式会社 集英社インターナショナル
〒101-0064
東京都千代田区神田猿楽町1-5-18
☎03-5211-2632

発売所　株式会社 集英社
〒101-8050
東京都千代田区一ツ橋2-5-10
☎03-3230-6080(読書係)
☎03-3230-6393(販売部/書店専用)

印刷所　凸版印刷株式会社
製本所　加藤製本株式会社